Holz • Zurück in die Zukunft

Nicolas Holz

# Zurück in die Zukunft

Empfehlungen zur Wiederentdeckung und
Weiterentwicklung der Inneren Führung

2021

Carola Hartmann Miles-Verlag

*Bibliografische Information der Deutschen Nationalbibliothek*

Die Deutsche Nationalbibliothek verzeichnet diese Publikation in der Deutschen Nationalbibliografie; detaillierte bibliografische Daten sind im Internet über www.dnb.de abrufbar.

© 2021 Carola Hartmann Miles-Verlag, Berlin
www.miles-verlag.jimdo.com
email: miles-verlag@t-online.de

Herstellung: Books on Demand, Norderstedt

Printed in Germany

ISBN 978-3-96776-030-9

# Inhalt

Seite

Vorbemerkungen 7

**1 Innere Führung in Vergangenheit und 10
Gegenwart**
1.1 Vergleich von Vorschriften und Dokumenten 10
1.2 Gegenwärtige Kritik an der Inneren Führung 17
1.3 Eigenes Verständnis der Inneren Führung 23
1.4 Eigene Bewertung der Inneren Führung 28

**2 Grundannahmen zur Weiterentwicklung 45**
2.1 Kernbestand bzw. Kernforderung der Inneren 45
Führung
2.2 Ziel der Inneren Führung 47
2.3 Trends, Entwicklungen und ihre 52
Wechselwirkungen mit der Inneren Führung
2.4 Kriegsbild - vom „permanenten Bürgerkrieg" zu 65
„hybriden Bedrohungen"
2.5 Berufliches Selbstverständnis und der Stellenwert 77
der Persönlichkeitsbildung
2.6 Innere Ordnung und der Stellenwert des Mitei- 90
nanders sowie der zeitgemäßen Menschenführung
2.7 Konzeption - Philosophie - Kultur und Geltungs- 104
bereich

**3 Empfehlungen zur Weiterentwicklung 111**
3.1 Weiterentwicklung der Philosophie (Konzeption) 111
3.2 Dokumentenlandschaft Innere Führung 116
3.3 Vermittlung und Anwendung 118

3.4        Vorgehen und Beteiligung im Rahmen der Weiter-    122
entwicklung

**4        Schluss**    125

**Anlagen**
1/1-3    Vergleich der Vorschriften und Dokumente zur    128
Inneren Führung
2        Graphische Darstellung zur Inneren Führung    131
3        Innere Führung als umfassende Organisationsphi-    132
losophie und dreidimensionales Berufsleitbild
„Staatsbürger in der Bundeswehr"
4/1      Weiterentwicklungsebenen und Zwischenziele    133
4/2      Zusammenfassung der Feststellungen und Emp-    134
fehlungen für die Weiterentwicklung
5/1      Graphische Darstellung zur Logik der Inneren    139
Führung
5/2      Gedankengang und Leitfragen zur Weiterentwick-    140
lung der Inneren Führung
5/3      Aufgaben und Gestaltungsfelder inklusive ihrer    141
Grundsätze
6        Dokumentenlandschaft Innere Führung    142
7        Gliederungsentwurf zu einer künftigen Regelung    143
zur Inneren Führung
8        Vorschläge zu Inhalten eines Handbuches und    146
Themen einer Schriftenreihe
9        Regelkreis zur Vermittlung und Anwendung der    148
Inneren Führung

**Literaturverzeichnis**    149

# Vorbemerkungen

*Wolf Graf von Baudissin: „Ich bin davon überzeugt, dass das Konzept nach wie vor das einzig brauchbare ist – schon weil es versucht, sich auf die komplexen Wirklichkeiten von heute einzustellen; auf jeden Fall ist mir noch nie ein überzeugendes Gegenbild geboten worden. Nein, das Versagen liegt wohl darin – ich muss das noch einmal wiederholen, dass das Konzept nicht mit der notwendigen Konsequenz durchgeführt wurde bzw. dass die Innere Führung, die Aus- und Weiterbildung der Inneren Führer nicht mit genügender Konsequenz und Intensität betrieben wurde."* [1]

Seit jeher wird die sogenannte „Innere Führung" ganz unterschiedlich gedeutet und verstanden, kritisiert und hinterfragt. Dies liegt zum einen in ihrer Komplexität und ihrem Anspruch. Zum anderen darin, dass sie – so man sich vor allem als Soldat mit ihr auseinandersetzt – häufig dazu auffordert, den eigenen Wohlfühlbereich zu verlassen, vermeintlich Richtiges und nicht zuletzt sich selbst als Soldat und gegebenenfalls Vorgesetzter kritisch zu hinterfragen.

Spätestens seit dem Afghanistan-Einsatz der Bundeswehr wird vermehrt und auch recht öffentlichkeitswirksam eine konsequente Weiterentwicklung der Inneren Führung gefordert, um sie den Anforderungen der Zeit anzupassen und sie fit für die Realität im 21. Jahrhundert zu machen. Auch gesellschaftliche, politische und technologische Entwicklungen, wie etwa „Diversity", Zunahme an religiösem und politischem Radikalismus und Extremismus oder auch die tiefgreifende Digitalisierung des gesamten Lebens tragen zur Weiterentwicklungsforderung bei.

In dem vorliegenden Papier möchte ich einen weiteren Beitrag im Zuge der Weiterentwicklungsüberlegungen und damit verbundener Diskussionen innerhalb der Bundeswehr, der „InFü-Community" und für die zuständigen Stellen leisten. Dabei sollen nicht nur offene Enden und etwaige Widersprüchlichkeiten aufgezeigt werden. Um einen konstruktiven Beitrag leisten

---

[1] Zitiert in: Claus von Rosen: Erfolg oder Scheitern der Inneren Führung aus Sicht von Wolf Graf von Baudissin; in: Schlaffer 2007, Seite 220

zu können, werden Bewertungen abgeleitet und, wo immer möglich, konkrete Empfehlungen gegeben. Dabei sind diese Bewertungen und Empfehlungen zum einen das Ergebnis eines intensiven Literaturstudiums. Zum anderen sind sie aber auch durch meine subjektiven Erlebnisse und Erfahrungen geprägt.

Somit tritt neben die eher wissenschaftliche Vorgehensweise auch eine individuelle Betrachtung der Thematik. Dabei blicke ich auf eine nunmehr 20jährige Dienstzeit als Infanterie- und Generalstabsdienstoffizier zurück. In dieser habe ich Erfahrungen auf verschiedenen Führungsebenen und Lehrgängen sowie in diversen Verwendungen gemacht. Als besonders prägend und für die Betrachtung der Inneren Führung relevant ist in diesem Zusammenhang ein Afghanistan-Einsatz als Kompaniechef von Oktober 2009 bis April 2010 zu nennen. Dieser war geprägt durch die Führungsverantwortung für eine circa 180 Soldatinnen und Soldaten starke, gemischte Infanterie-Einsatzkompanie, welche mehrfach im Gefecht stand. Dass sich dieser Einsatz als eine deutliche Bewährung der Inneren Führung darstellen sollte, wurde mir jedoch erst zwei Jahre später im Zuge des Stabsoffizierlehrganges an der Führungsakademie der Bundeswehr bewusst. Somit hatte ich erst 12 Jahre nach Diensteintritt in die Bundeswehr meinen persönlichen „Aha-Moment" in Bezug auf die Innere Führung. Es stellt sich die Frage: „Wie kann das sein?"

In der Herleitung von Weiterentwicklungsempfehlungen zur Inneren Führung ist das vorliegende Papier wie folgt aufgebaut. Zunächst soll die Innere Führung in ihrer ursprünglichen Entwicklung und nachfolgenden Fortschreibung über die vergangenen Jahrzehnte durch einen Vergleich von Dokumenten und Vorschriften dargestellt werden.[2] Daran anschließend folgt eine Analyse der gegenwärtigen Kritik an der Inneren Führung sowie eine Erläuterung,

---

[2] Wenn in diesem Papier von der „baudissinschen Inneren Führung" gesprochen wird, so geschieht dies der besseren Lesbarkeit halber und um zu verdeutlichen, dass hier ein Blick auf die frühen Jahre der Bundeswehr und der Inneren Führung gelegt wird. Natürlich hat Wolf Graf von Baudissin die Innere Führung nicht „im Alleingang" entwickelt. Dennoch, er ist und bleibt der „Erfinder" der Inneren Führung (vgl. Kutz 2006, Seite 162). Als weitere prominente Persönlichkeiten aus der Zeit sind die Generale de Maiziere und von Kielmansegg zu nennen. Darüber hinaus befassten sich im Amt Blank und dem späteren Verteidigungsministerium sicherlich eine Vielzahl von Mitarbeitern mit der Thematik. Es

wie ich selbst die Innere Führung verstehe und diese grundsätzlich und in ihrem aktuellen „Zustand" bewerte. Im anschließenden Kapitel „Grundannahmen zur Weiterentwicklung" soll durch die Darstellung und Analyse ausgewählter Aspekte die Grundlage für das abschließende Kapitel „Empfehlungen zur Weiterentwicklung" gelegt werden.

---

kann jedoch nicht von der Hand gewiesen werden, dass von Baudissin eine herausgehobene Rolle in der Entwicklung und Umsetzung der Inneren Führung in den Anfangsjahren der Bundeswehr beigemessen werden muss.

# 1 Innere Führung in Vergangenheit und Gegenwart

*„Zu allen Zeiten haben militärische Führer versucht, ihre Truppen unter den zeitgegebenen Bedingungen zu einem schlagkräftigen Instrument zu machen. Namentlich in der deutschen Geschichte sind immer wieder Männer aufgetreten, die die Forderungen der Inneren Führung in ähnlichen Bestrebungen vertraten.“* [3]

## 1.1 Vergleich von Vorschriften und Dokumenten

Ein Vergleich der Vorschriften und Dokumente zur Inneren Führung[4] macht deutlich, dass es neben Konstanten im grundlegenden Verständnis der Inneren Führung durchaus auch Verschiebungen bezüglich der inhaltlichen Schwerpunktsetzung und Begründungszusammenhänge sowie unterschiedliche Ansätze gab, diese in Schriftform aufzubereiten und somit der Leserschaft näher zu bringen. Anlage 1/1 bis 3 bietet hierzu einen detaillierten, inhaltlichen Vergleich der Vorschriften und Dokumente.

Sicherlich darf in der Betrachtung der Vorschriften und Dokumente nicht der seinerzeitige Entstehungszusammenhang außer Acht gelassen werden. So war das „Handbuch Innere Führung“ (1. Auflage/1957; im Folgenden **„Handbuch“**) die Reaktion auf stets wiederkehrende Fragen an Oberst Graf von Baudissin, was es denn mit der Inneren Führung eigentlich auf sich habe. Das Handbuch war nicht als Vorschrift, sondern viel mehr als „briefing“ oder als „Fibel allgemeinverständlichen Inhalts“ gedacht.[5] Dementsprechend hat es

---

[3] Handbuch Innere Führung – Hilfen zur Klärung der Begriffe, 3. Auflage/1964, Seite 173

[4] Betrachtet wurden hierbei das „Handbuch Innere Führung“ (3. Auflage / 1964), die ZDv 10/1 bzw. A-2600/1 in ihren Fassungen aus den Jahren 1972, 1993, 2008 und 2017 sowie die Broschüre „Eine Darstellung der Konzeption der Inneren Führung und des Auftrages des Zentrums Innere Führung“ aus dem Jahr 1981.

[5] Einen guten Einblick in die Entstehungsgeschichte des Handbuchs gibt der Beitrag „Das gelbe Buch – Das Handbuch Innere Führung und seine Entstehung“ von Martin Koller; in: Information für die Truppe 4/76.

Kutz beschreibt den Arbeitsstil Baudissins wie folgt: „Entgegen anderslautender Einschätzungen ist Baudissin Praktiker der Generalstabsarbeit. Er hat nie ein Gesamtkonzept seiner Überlegungen geschrieben. Alles was wir von ihm kennen, sind Papiere, die konkrete Aufgaben oder Probleme angehen.“ (Kutz 2006, Seite 162)

einen stark erklärenden und herleitenden Charakter. Wobei die Aussagen und Formulierungen des Handbuches auf Grund der bereits damals hitzig geführten Debatte um das künftige Innere Gefüge der Streitkräfte bereits als Kompromiss zwischen den unterschiedlichen Positionen zu verstehen ist.[6] Keines der später folgenden Dokumente leitet die Innere Führung so umfangreich und tiefgehend her wie das Handbuch Innere Führung. Dabei muss jedoch auch festgestellt werden, dass das 191 Seiten starke „Handbuch" nicht dazu geeignet ist, die Innere Führung innerhalb kurzer Zeit zu erfassen.[7] Ergänzt wurde das „Handbuch" zudem durch die sechsbändige Reihe „Schicksalsfragen der Gegenwart".[8]

Die erstmalige Vorschriftenfassung der Inneren Führung, die Zentrale Dienstvorschrift 10/1, aus dem Jahre 1972 (im Folgenden **„ZDv 1972"**) geht hier – zumindest in ihrem Hauptteil – einen gänzlich anderen Weg. Dabei ist

---

[6] Vgl. Neitzel 2020, Seite 273.

[7] In dem Versuch, die einstmalige „baudissinsche" Innere Führung zu ergründen, ist das „Handbuch" zwar als Pflichtlektüre zu bewerten. Darüber hinaus wird allerdings auch empfohlen, weitere Quellen zu Wolf Graf von Baudissin sowie zur Entwicklung und Diskussion der Inneren Führung seit den 1950er Jahren zu beachten. Da von Baudissin ab 1961 ausschließlich in NATO-Verwendungen eingesetzt war und 1967 in den Ruhestand trat, hatte er keinen Einfluss mehr auf die seinerzeitige Weiterentwicklung der Inneren Führung und war somit auch nicht an der Erstellung der ZDv 10/1 beteiligt. Er selbst beteuerte diesbezüglich: „Ich bin – um die Situation zu kennzeichnen – nach Abgabe der Unterabteilung nicht mehr um Rat und Expertise gefragt worden." (schriftliches Interview „Fragen an die Begründer der Inneren Führung"; in: Walz 1987). Claus von Rosen führt aus, dass das offensichtliche Fehlen einer überzeugten Auseinandersetzung der „Nachfolger" mit der Gesamtkonzeption immer Baudissins Hauptsorge gewesen sei. (Claus von Rosen: Erfolg oder Scheitern der Inneren Führung aus Sicht von Wolf Graf von Baudissin; in: Schlaffer 2007, Seite 220).

[8] Bundesministerium für Verteidigung (Hrsg.): Schicksalsfragen der Gegenwart I-VI – Handbuch politisch-historischer Bildung, Max Niemeyer Verlag, Tübingen, 1957-1961.
Interessant ist dabei, dass die ersten vier Bände der Reihe durch Hermann Heidegger (1920 – 2020), den Stiefsohn und Nachlassverwalter des Philosophen Martin Heidegger, bearbeitet wurden. Hermann Heidegger kam 1955 als Hauptmann ins Bundesministerium der Verteidigung. Darüber hinaus war er Mitbegründer der Monatsschrift „Information für die Truppe" (Quelle: Wikipediaartikel „Hermann Heidegger"; Abrufdatum 11.02.2021). Fragwürdig hingegen ist, dass Hermann Heidegger zuletzt im Antaios-Verlag, Schnellroda veröffentlicht hat.

sie vor allem eine Aufzählung von Grundgesetzartikeln und rechtsverbindlichen Normen aus dem Soldatengesetz.[9] Sie scheint die ein für alle Mal klarstellende Reaktion des BMVg unter Bundesminister Helmut Schmidt auf die turbulenten Zeiten Ende der 60er/Anfang der 70er Jahre zu sein.[10] Bundesminister Helmut Schmidt selbst sagte diesbezüglich: „Es fehlt nicht an einem Konzept. Es mag an einer verbindlichen Darstellung fehlen, leicht faßbar, für die Hand desjenigen, der nicht allzu viel lesen und begreifen möchte. Das mag so sein. Es gibt nämlich mehrere solcher leicht faßbaren Darstellungen. Ich bin mir gar nicht so sicher, daß das so dringend notwendig ist. Ich bin dagegen, den Soldaten das Denken abzunehmen. Was an den Prinzipien der Inneren Führung feststeht, das hat der Deutsche Bundestag ins Grundgesetz hineingeschrieben, zumal in die Grundrechtsartikel. [...]"[11]. Über den stark rechtslastigen und somit äußerst trockenen Hauptteil hinaus bietet der sehr umfangreiche Anhang insbesondere mit dem Teil II „Aussagen zur Inneren Führung in Vergangenheit und Gegenwart" tiefergehende Hintergrundinformationen und Einstellungen zur Inneren Führung; dies in Form 19 verschiedener schriftlicher Abhandlungen und Redebeiträgen zur Inneren Führung. Die „ZDv 1972" wird jedoch - wie auch schon das „Handbuch" - der damaligen Forderung nach einer klaren und allgemeinverständlichen Beschreibung der Inneren Führung nicht gerecht. Sie versucht erst gar nicht zu erklären, was die Innere Führung ist bzw. wie sie sich über ihre rein rechtlichen Aspekte hinaus begründet. Es scheint, als versuche das Zentrum Innere Führung mit seiner Broschüre „Eine Darstellung der Konzeption der Inneren

---

[9] Damit scheint die „ZDv 1972" keinesfalls im Sinne Baudissins gewesen zu sein. Sagt er doch, dass Innere Führung ein komplexes Denk-, Urteils- und Handlungssystem sei, das Maßstäbe für Führungsentscheidungen vorgebe und nicht in eine Norm unter Bindung an rechtliche, ja strafrechtliche Prozeßregeln gefaßt werden könne und dürfe. (vgl. schriftliches Interview „Fragen an die Begründer der Inneren Führung"; in: Walz 1987, Seite 32)
[10] Einen guten Überblick gibt hierzu Sönke Neitzel: Deutsche Krieger – Vom Kaiserreich zur Berliner Republik – eine Militärgeschichte, Propyläen 2020. Hierbei sind in besonderem Maße die sog. „Schnez-Studie" (1969), die „Leutnante 70" sowie die „Hauptleute von Unna" (1971) zu nennen.
[11] Bundesminister der Verteidigung Helmut Schmidt am 11.03.1970 vor dem Deutschen Bundestag anlässlich der Beratung des Jahresberichts 1969 des Wehrbeauftragten des Bundestags; zu finden in: ZDv 10/1 (1972), Anhang, Teil II, Anlage 15.

Führung und des Auftrages des Zentrums Innere Führung" aus dem Jahr 1981 (im Folgenden **„Erklärstück 1981"**) dieser Forderung gerecht zu werden. Dabei stellt es die Innere Führung auf gerade einmal elf Seiten dar. Das „Erklärstück 1981" ist wesentlich leserfreundlicher als die damals noch gültige „ZDv 1972" und geht trotz seiner Kürze auf Aspekte ein, welche in der „ZDv 1972" noch keine explizite Beachtung finden. Als Beispiel sei hier der Stellenwert der Tradition und Traditionspflege in den Streitkräften genannt.[12] Eine Aktualisierung der Zentralen Dienstvorschrift von 1972 erfolgte erst im Jahre 1993 (im Folgenden **„ZDv 1993"**) und ist sicherlich auch vor dem Hintergrund der deutschen Wiedervereinigung und der damit verbundenen Auflösung/Eingliederung der Nationalen Volksarmee in die Bundeswehr zu sehen. Die „ZDv 1993" betont zwar noch immer die verfassungsrechtlichen Grundlagen der Inneren Führung, ist hierbei aber wesentlich leserfreundlicher und bemühter, die Innere Führung schlüssig zu erklären. Auch wirkt es, als hätten die damaligen Einsätze der Bundeswehr[13] sowie die Anfang der 1990er geführten Debatten zu künftigen Auslandseinsätzen Einfluss auf die „ZDv 1993" gehabt. Zwar führt die „ZDv 1993" in Nummer 301 aus, dass die Ziele und Grundsätze der Inneren Führung für den gesamten militärischen Dienst im Frieden wie in Krise und Krieg gelten, es gelingt ihr jedoch nicht, die Bedeutung und den Mehrwert der Inneren Führung für die sich abzeichnenden Einsätze zu vermitteln.

Im Jahre 2008 wurde die Zentrale Dienstvorschrift 10/1 grundlegend überarbeitet und im Jahre 2017 mit nahezu identischen Inhalten als ZDv A-

---

[12] Das „Handbuch" hingegen hat noch ein ganzes Kapitel „Soldatische Tradition: In der Gegenwart" beinhaltet.

[13] „Operation Südflanke" (Minenabwehrkräfte der Marine im Mittelmeer und Persischen Golf) von August 1990 bis September 1991 sowie der Einsatz des Flugabwehrraketengeschwaders 2 in der Türkei im Rahmen der „Operation Desert Storm" von Januar bis März 1991. Ferner wurden Sanitätskräfte der Bundeswehr ab Oktober 1991 im Rahmen einer UN-Mission in Kambodscha eingesetzt.

2600/1 (im Folgenden **„ZDv 2008" bzw. „ZDv 2017"**) in das neue Regelungsmanagement der Bundeswehr überführt.[14] Zwar wurde der Auslandseinsatz deutlich stärker betrachtet als in jeder Vorschriftenfassung zuvor – was natürlich daran liegt, dass die Bundeswehr zum Zeitpunkt der letzten Vorschriftenaktualisierung in 1993 noch nicht so stark in Einsätzen gebunden war, wie dies erst in den folgenden Jahren der Fall war. Jedoch konnte immer noch nicht überzeugend verdeutlicht werden, dass die Innere Führung nicht nur für den Grundbetrieb, sondern insbesondere auch für die Bundeswehr als „Armee im Einsatz" einen besonderen Mehrwert bietet. Auf den besonderen Stellenwert der Inneren Führung für die Einsätze der Bundeswehr sowie ihre Einsatzbereitschaft und „Einsetzbarkeit" wird im weiteren Verlauf dieses Beitrages gesondert einzugehen sein.

Im Vergleich der betrachteten Vorschriften und Dokumente ist auffällig, dass **grundlegende Ordnungskriterien** wie „Grundlagen", „Grundsätze" und „Leitsätze" nicht durchgängig im selben Verständnis genutzt wurden.[15] Von Rosen stellt mit Bezug auf die „ZDv 2008" fest, dass die Zuordnung der Begriffe nicht präzise sei.[16] Dies hat dazu geführt, dass wichtige Grundannahmen und daraus folgende Ableitungen im Laufe der Jahrzehnte so abgeändert wurden, dass die einstmalige, „baudissinsche Innere Führung" heute - zumindest in Teilen - nicht mehr ausreichende Beachtung zu finden und bisweilen in Vergessenheit geraten zu sein scheint.

---

[14] Da sich die Vorschriften von 2008 und 2017 inhaltlich gleichen, wird hier die aktuell gültige „ZDv 2017" als Grundlage genommen. Ein wesentlicher Unterschied besteht darin, dass der „ZDv 2008" ein Tagesbefehl des damaligen BMin Vtdg Dr. Jung vorangestellt wurde. Die „ZDv 2017" hingegen verfügt weder über Vorbemerkungen, noch über ein Vorwort. Eine äußerst empfehlenswerte Analyse der „ZDv 2008" liefert Claus von Rosen mit seinem Beitrag: Die ZDv 10/1 Innere Führung von 2008. Vorschrift - Handbuch - Überbau; in: Hartmann 2009.

[15] Siehe hierzu auch Anlage 1/1-3.

[16] Vgl. Claus von Rosen: Die ZDv 10/1 Innere Führung von 2008. Vorschrift - Handbuch - Überbau; in: Hartmann 2009

Ein sehr deutlicher Unterschied liegt hierbei in den **Zielen der Inneren Führung**.[17] Dies ist von daher besonders bemerkenswert, als dass sorgfältig ausgewählte und klar formulierte Ziele zum einen der Ausgangspunkt für die Entwicklungen zielgerichteter Wege und Mittel, zum anderen aber auch der Bewertungsmaßstab eines Betrachtungsgegenstandes sind.[18] Somit werden mitunter ganz unterschiedliche Folgerungen für den richtigen Weg zur Zielerreichung zu ziehen sein. Und schließlich kann eine Bewertung der Inneren Führung je nach angenommener Zielsetzung ganz unterschiedlich ausfallen. So scheint die Innere Führung heutzutage insbesondere unter ihren ambitionierten, wahrscheinlich sogar unrealistischen Zielsetzungen zu leiden, wie in den beiden Unterkapiteln I.2 und I.4 darzustellen sein wird.

Für die Entwicklung der Inneren Führung in den 1950er Jahren stellte das seinerzeitige, von Baudissin angenommene **Kriegsbild**, neben der Beschreibung der „Demokratischen Gesellschaft"[19], die entscheidende Eingangsgröße und Grundannahme zur Ableitung der Inneren Führung dar. So führt das „Handbuch" hierzu noch recht umfangreich und deutlich unter den Überschriften „Soldat im permanenten Bürgerkrieg", „der Soldat im kalten Gefecht" und „Soldat im heissen Gefecht" aus. In diesem Zusammenhang gilt es im Übrigen deutlich herauszustellen, dass eben nicht nur ein möglicher Atomkrieg beschrieben wird. Oftmals wird das „baudissinsche Kriegsbild" hierauf verengt dargestellt. Vielmehr beschreibt das „Handbuch" unter dem Begriff des „permanenten Weltbürgerkrieges" ein Kriegsbild, welches insbesondere vor dem Hintergrund heutiger „hybrider Bedrohungen und Kriege" durchaus wieder mehr Beachtung finden sollte, wie in Unterkapitel II.4 ausgeführt wird. Die auf das „Handbuch" folgenden Vorschriften treffen hingegen keine entsprechenden Aussagen - oder zumindest nicht in einer ähnlichen

---

[17] Siehe hierzu Anlage 1/2. Das heute sog. „LIMO-Prinzip" findet dabei erstmalig im „Erklärstück 1981" explizite Erwähnung, ohne dass die Legitimation, Integration, Motivation und Innere Ordnung dabei zum Ziel der Inneren Führung erhoben werden.

[18] Biehl, Buchner und Kümmel führen zu den Zielen der Inneren Führung als Bewertungsmaßstab in ihrem Beitrag „Unter Beschuss: Kritik und Aktualität der Inneren Führung der Bundeswehr" (in: Staack 2014, Seite 10ff) aus.

[19] Vgl. Elmar Wiesendahl: Zur Aktualität der Inneren Führung von Baudissin für das 21. Jahrhundert. Ein analytischer Rahmen; in: Wiesendahl 2007.

Deutlichkeit. Mit Blick auf die „ZDv 2008" stellt von Rosen fest, dass Aussagen zum aktuellen Kriegsbild und zu „Neuen Kriegen" fehlen würden.[20]

Seit der „ZDv 2008" werden drei „hauptsächliche" und sieben „weitere **Gestaltungsfelder der Inneren Führung**" explizit genannt und zu diesen ausgeführt.[21] Zwar unter wechselnden Überschriften, aber mit ähnlichen Inhalten werden diese bereits beginnend mit der „ZDv 1972" dargestellt. Das einstmalige „Handbuch" kennt diese Unterteilung noch nicht. Es stellt lediglich die besondere Bedeutung der „Truppeninformation" sowie der „Truppenbetreuung und Freizeitpflege" in eigenen Kapiteln deutlich heraus. Darüber hinaus werden die fünf wesentlichen Arbeitsgebiete der seinerzeitigen Unterabteilung „Innere Führung" im Führungsstab der Bundeswehr dargestellt. Im Übrigen führt das „Handbuch" aus: „Innere Führung muß das gesamte militärische Leben durchbluten, muß in allen Planungen, Maßnahmen und Regelungen zu spüren sein. Entscheidungen, die ohne Berücksichtigung der inneren Führungsaufgabe getroffen werden, können Fehlentscheidungen sein, weil sie eine wichtige Grundlage außer acht lassen."[22] Vor diesem doch sehr weitreichendem Wirkungsanspruch ist es wenig überraschend, dass das Handbuch nicht explizit auf „Anwendungsbereiche" oder etwa „Gestaltungsfelder der Inneren Führung" eingeht.

Auch ein Blick auf die Aussagen der einzelnen Vorschriften und Dokumente zur **Weiterentwicklung** der Inneren Führung stellt sich als durchaus interessant dar. Während das „Handbuch" hierzu im Grunde keine konkreten Aussagen trifft, wird seit der „ZDv 1972" immer wieder ausgeführt, dass die Innere Führung vor dem Hintergrund politischer, gesellschaftlicher, wirtschaftlicher oder etwa technischer Veränderungen weiterzuentwickeln und hierfür auch offen sei. Dabei formulieren die „ZDv 1993" sowie die „ZDv 2008" gewissermaßen „Schutzmechanismen". So führt erstere zwar aus, dass die Konzeption fortlaufend zu überprüfen und anzupassen sei. Im weiteren Verlauf betont sie jedoch auch, dass Entwicklungen in der Gesellschaft wegen

---

[20] Claus von Rosen: Die ZDv 10/1 Innere Führung von 2008. Vorschrift – Handbuch – Überbau; in: Hartmann 2009
[21] Siehe Anlage 1/3
[22] „Handbuch", Seite 171

der Besonderheiten des militärischen Dienstes nicht ohne sorgfältige Prüfung in die Bundeswehr übernommen werden können.[23] Die „ZDv 2008" führt erstmalig aus, dass der „Kernbestand der Inneren Führung" unveränderbar sei.[24] Allerdings trifft sie dabei keine Festlegung, was eigentlich der Kernbestand sei.

---

**Feststellung und Empfehlung für die Weiterentwicklung:**

➤ Es scheint, als habe sich das Verständnis über die Innere Führung bzw. die Schwerpunktsetzung in ihrer Verschriftlichung im Laufe der Jahre geändert. Dabei scheint ihre innere Logik zumindest teilweise verloren gegangen zu sein.

➤ Die künftige Weiterentwicklung der Inneren Führung sollte nicht nur die aktuelle Vorschrift sowie heutige Debatten als Ausgangspunkt nehmen, sondern ganz bewusst auch eine grundlegende Analyse der einstmaligen Inneren Führung voranstellen.

---

## 1.2 Gegenwärtige Kritik an der Inneren Führung

Die gegenwärtige Kritik an der Inneren Führung ist breit gefächert. Je nach individuellem Hintergrund des einzelnen Kritikers bzw. je nachdem, welcher Teilaspekt der komplexen und vielschichtigen Inneren Führung gerade beleuchtet wird, fällt die Kritik ganz unterschiedlich aus.[25]

Von Bredow beurteilt die Innere Führung als eine der innovativsten und kreativsten politischen Neuerungen der Bundesrepublik Deutschland und hält

---

[23] „ZDv 1993", Vorbemerkung 6 sowie Nummer 110

[24] „ZDv 2008", Nummer 108

[25] An dieser Stelle sollen die diversen Kritikpunkte und ihre jeweiligen Begründungen nicht im Detail dargestellt werden. Hier sprechen eine Vielzahl von Aussagen und Veröffentlichungen für sich. Nichts desto trotz sollen die wesentlichen Ansatzpunkte im Rahmen dieses Weiterentwicklungsbeitrages in aller Kürze dargestellt werden, um sie selbst im folgenden Unterkapitel I.4 aus Sicht des Verfassers zu bewerten und ggf. in eine Weiterentwicklungsempfehlung zu entwickeln.

sie in ihrer Bedeutung für durchaus vergleichbar mit der wirtschafts- und gesellschaftspolitischen Konzeption der Sozialen Marktwirtschaft.[26] Dies ist zwar eine sehr starke Behauptung, von welcher nicht angenommen werden darf, dass sie weite Teile der Bevölkerung nachvollziehen und einordnen können. Dennoch kann es dabei schon verwundern, dass einige Experten einen zu **geringen Bekanntheitsgrad** bezüglich der Inneren Führung feststellen. Dies gilt insbesondere für ihren Bekanntheitsgrad innerhalb der Bundeswehr. So stellt die „Streitkräftebefragung 2013 – Innere Führung in Zahlen" fest, dass der Kenntnisstand über die Dienstgradgruppen hinweg stark variiert.[27] Dies gilt in besonderem Maße für die Mannschaftssoldaten, von denen nur ein geringer Teil die Dienstvorschrift zur Inneren Führung kenne.[28] Dem gegenüber steht, dass Bundesminister Dr. Jung in seinem Tagesbefehl vom 28.01.2008 zur „ZDv 2008" erwartet, dass sich jeder Angehörige der Bundeswehr mit den Inhalten der Inneren Führung auseinander setzt und sie aus innerer Überzeugung mit Leben füllt.

Als ein weiterer Kritikpunkt wird seit jeher angeführt, dass die Innere Führung in ihrem Gedankengang zu kompliziert, zu vielschichtig und folglich unverständlich sei. Ihre **mangelhafte Verständlichkeit** führe oftmals zu Überforderung im Versuch, sich mit ihr auseinander zu setzen und sie zu verstehen. Auch sei es somit nur schwer möglich, sie im täglichen Dienst mit Leben zu füllen. Sie blieb für weite Teile der Bundeswehr schwammig und für den Truppenalltag zu abstrakt.[29] Dörfler-Dierken merkt im Hinblick auf die „ZDv

---

[26] Vgl. Bredow 2008, Seite 125. Dass es sich hierbei um eine starke These handelt, räumt von Bredow selbst ein, lässt ihr sogleich auch eine starke Begründung folgen.

[27] Dörfler/Kramer 2014, Seite 74

[28] Die Ergebnisse der Studie werden auch erörtert im Beitrag von Angelika Dörfler-Dierken/Philipp Heinrich: Der „strategische Gefreite" - Mannschaften und die Herausforderung der Inneren Führung; in: Hartmann 2015/1, Seite 149.

[29] Vgl. Neitzel 2020, Seite 357f. Neitzel berichtet von einem Oberstleutnant, der über die Seminare am Zentrum Innere Führung schrieb: „Tage der ritualisierten Hilflosigkeit, Gebetsmühlen, tonnenweise guter Wille, heilige Einfaltigkeit. Der Kaiser bleibt nackt, unerbittlich nackt. Sie mögen so viel Papier bedrucken, wie sie wollen. Und doch ist all das nichts als der traurige Reflex der gebrochenen Identität des deutschen Volkes – der krampfhaft klägliche Versuch der politischen Entschuldigung für die Existenz der Armee."

2008" an, die Wortwahl wirke angesichts der aktuellen Sprachregelung veraltet.[30] Von Bredow stellt mit Blick auf die „ZDv 1993" fest, dass diese entgegen der üblichen, knappen und Ambivalenzen glattbügelnden Vorschriftensprache stellenweise genau das Gegenteil tue, indem sie Spannungen zwischen bestimmten Werten und Zielen eben nicht ignoriert oder negativ akzentuiert.[31]

Die vermehrten Auslandseinsätze der Bundeswehr - insbesondere seit Afghanistan - sowie die Aussetzung der Wehrpflicht haben dazu geführt, dass heutige Kritik in besonderem Maße an den der Inneren Führung zugeschriebenen Zielen der **Legitimation und Integration** ansetzt.[32] So wird oftmals konstatiert, die Innere Führung biete heute keine ausreichende Legitimation - im Sinne einer Erklärung und Begründung - mehr für die Sinnhaftigkeit des militärischen Dienstes im Allgemeinen und Auslandseinsätzen wie etwa in Afghanistan oder Mali im Speziellen. Darüber hinaus könne die Innere Führung heute nicht mehr die Integration der Bundeswehr in Staat und Gesellschaft sicherstellen. Im Hinblick auf beide Zielsetzungen sei die Innere Führung nicht (mehr) geeignet, diese zu erreichen oder zu ihnen beizutragen. Die Forderungen reichen dabei vom grundsätzlichen Hinterfragen und weitreichenden Anpassen bis hin zu ihrer gänzlichen Ersetzung durch vermeintlich geeignetere Konzeptionen.

Über den Legitimations- und Integrationsaspekt hinaus wird auch die **Einsatzbewährung** der Inneren Führung kritisch hinterfragt. Die diesbezüglich vorgebrachte Kritik steht dabei im sehr deutlichen Widerspruch zur Bewertung des einstmaligen Verteidigungsministers Dr. Jung: „Die neugefasste Dienstvorschrift berücksichtigt diese Einsatzrealität und verdeutlicht, dass

---

[30] Vgl. Angelika Dörfler-Dierken: Identitätspolitik der Bundeswehr; in: Dörfler 2010
[31] Bredow 2008, Seite 137
[32] Diesbezügliche Ausführungen in Schriftform und Redebeiträgen machen mittlerweile einen nicht geringen Anteil der aktuellen Beiträge zur Inneren Führung aus. Beispiele hierfür sind:
- Marcel Bohnert: Zwischen Bewährung und Versagen: Innere Führung heute; in: Pahl 2018
- Marcel Bohnert: Innere Führung auf dem Prüfstand - Lehren aus dem Afghanistan-Einsatz der Bundeswehr, DeutscherVeteranenVerlag, 2017

sich die Innere Führung gerade auch unter Einsatzbedingungen bewährt."[33] So wird mitunter geurteilt, dass die Innere Führung in ihren Grundannahmen und Schlussfolgerungen nicht mit der heutigen Einsatzrealität kompatibel sei und den im Einsatz stehenden Angehörigen der Bundeswehr keinen Bezugspunkt mehr für ihr Denken und Handeln unter den besonderen Bedingungen des Einsatzes bieten könne. Wiesendahl führt prägnant aus: „Weit weg von Einsatzwirklichkeit und Praxisbezug tendiert sie [die Innere Führung] zur hohlen Beschwörungsformel."[34] Dabei müssen jedoch zwei verschiedene Kritikansätze unterschieden werden. Während die einen die „Philosophie" der Inneren Führung an sich - im Sinne ihrer grundlegenden Grundannahmen und darauf aufbauenden Ableitungen - nicht mit der aktuellen Einsatzrealität vereinbar und somit nicht mehr zeitgemäß halten, kritisieren andere wiederum die Beachtung und Einordnung des Auslandseinsatzes in der grundlegenden „ZDv 2008" zur Inneren Führung.[35] Erstere bewerten, die Innere Führung habe nach den existenziellen Einsatzerfahrungen „ausgedient". Zweitere kritisieren die mangelhafte Beschreibung heutiger Einsatzrealität und die Erklärung des Stellenwertes der Inneren Führung für den Einsatz. Berns stellt hier die Frage, ob die Entscheider aus Furcht vor politischen Auseinandersetzungen und Auswirkungen auf die Personalwerbung [...] die Thematisierung existenzieller Herausforderungen menschlichen Lebens wie Leid, Verwundung, Tod, Töten und Sterben vermieden haben.[36]

Eng verbunden mit der Betrachtung der Einsatzbewährung der Inneren Führung sind auch die verschiedenen Sichtweisen auf ihr zentrales **Leitbild**, den **„Staatsbürger In Uniform"**. Besondere öffentliche Aufmerksamkeit erhielt hier der seinerzeitige Inspekteur des Heeres, Generalleutnant Hans-Otto Budde, als er in einem Interview mit der „Welt am Sonntag" vom 29.02.2004 äußerte, dass wir den archaischen Kämpfer bräuchten und den, der den High-

---

[33] „ZDv 2008", Tagesbefehl des Bundesministers der Verteidigung vom 28.01.2008
[34] Wiesendahl 2016
[35] Die Darstellung des Kriegsbildes in den jeweiligen Vorschriften und Dokumenten zur Inneren Führung wurde bereits in Unterkapitel I.1 thematisiert.
[36] Vgl. Berns 2015

Tech-Krieg führen könne. Folglich habe der „Staatsbürger in Uniform" ausgedient.[37] Die Forderung nach dem archaischen Kämpfertyp steht sinnbildlich für die wieder zunehmend vertretene Meinung, der Soldatenberuf sei kein Beruf wie jeder andere und es sollten die besonderen Herausforderungen und daraus abzuleitenden Erfordernisse für den (Einsatz-) Soldaten ins Zentrum seiner Betrachtung gestellt werden. Diese Forderung ist so alt wie die Innere Führung selbst. Die Diskussion, ob die Bundeswehr „vom Krieg oder vom Frieden her gedacht werden sollte" und was dies für das Verständnis vom Soldatenberuf bedeuten sollte, wurde bereits in den jungen Jahren der Bundeswehr deutlich hitzig geführt.[38] Sie erlebt angesichts der Gefechtserfahrungen und -eindrücke durch den Afghanistaneinsatz eine bemerkenswerte Renaissance - dies vor allem auch aus den Reihen von Bundeswehrsoldaten selbst. In diesem Zusammenhang ist die durch Wiesendahl in die Debatte eingebrachte Unterteilung in die Denkschulen der „Athener und der Spartaner" zu nennen. Beide Schulen unterscheiden sich in ihrem Bild von Einsatzwirklichkeit und in der Frage, mit welchem Identitätsverständnis und Leitbild des „Soldaten im Einsatz" die Bundeswehr auf ihre neue Rolle als Kriseninterventionsarmee reagieren sollte.[39] Dabei weist der Athener deutliche Parallelen mit dem „Staatsbürger in Uniform" auf. Der Spartaner hingegen steht für die Bewährung im Gefecht als Wesenskern des Soldatischen und entspricht damit wohl der buddeschen Forderung nach dem „archaischen

[37] Exkurs: Interessant ist ein Blick in das sog. „Leutnantbuch" des Heeres, welches erstmalig unter Generalleutnant H.-O. Budde in Verwendung als Inspekteur des Heeres herausgegeben wurde. Dieses Buch wird jährlich aktualisiert und an die Offizieranwärter des Heeres verteilt. Es soll den angehenden Offizieren des Heeres grundlegende Werte für ihre künftigen Aufgaben als Führer, Ausbilder und Erzieher in Grundbetrieb und Einsatz vermitteln. Es überrascht fast schon nicht, dass die Innere Führung im Vorwort Buddes keine Erwähnung findet. Dies trifft ebenfalls auf die unter Generalleutnant Kasdorf herausgegebenen Leutnantsbücher zu. Auch sein Nachfolger, Generalleutnant Vollmer, erwähnt die Innere Führung in seinem ersten Grußwort zum Leutnantsbuch für den 85. Offizieranwärterjahrgang aus dem Jahre 2015 nicht. Er nimmt diese erst in späteren Ausgaben in sein Grußwort auf.
[38] Einen sehr guten Überblick gibt hier Sönke Neitzels „Deutsche Krieger" insbesondere mit dem Unterkapitel „Das Ringen um die innere Ausrichtung der Streitkräfte" (Neitzel 2020, Seite 265ff).
[39] Wiesendahl 2010

Kämpfertyp".[40] Wiesendahl erkennt eine Entwicklung, nach der die offizielle Leitkultur von oben und die gelebte Organisationskultur von unten auseinanderdriften. Der militärischen und politischen Führung sei die Aufgabe gestellt, das Leitbild des Staatsbürgers in Uniform an die Herausforderungen der Einsatzwirklichkeit anzupassen und vor allen Dingen Farbe zu bekennen, dass sie das Selbstverständnis der Armee Sparta mit dem irregeleiteten Kämpferleitbild nicht hinnimmt.[41]

Biehl, Buchner und Kümmel fassen die Kritik an der Inneren Führung drastisch zusammen: „Zusammengenommen führen diese verschiedenen Ansatzpunkte der Kritik zu einem fast schon vernichtenden Urteil über die Innere Führung. Sie gilt als zu wenig konkret, als wachsweich, als interpretationsbedürftig und vor allem mit Blick auf die Einsatzarmee Bundeswehr, als zu wenig praktikabel und handhabbar für den militärischen Dienst, für den soldatischen Alltag und vor allem für den militärischen Einsatz. Ihre Vorgaben seien, so die Kritik, zu offen und unpräzise, als dass sich daraus konkrete Handlungsanleitungen ableiten ließen. Die Effizienz des Instruments Militär bliebe letztlich auf der Strecke. Mancherorts mag man gar bereits die Messer wetzen, um der ungeliebten Inneren Führung den finalen Todesstoß zu versetzen."[42]

---

**Feststellung und Empfehlung für die Weiterentwicklung:**
➢ Die Debatte um die Innere Führung ist geprägt durch Bundeswehrexterne Experten, welche oftmals über wissenschaftliche Hintergründe aus unterschiedlichen Disziplinen verfügen. Dem wissenschaftlich fundierten Anspruch der Inneren Führung inklusive der damit einhergehenden kontroversen Debatte wird somit entsprochen.

---

[40] Vgl. Wiesendahl 2016. Als weiteres Begriffspaar hat sich die Gegenüberstellung des sog. „miles protector" (entspricht Athen) und des „miles bellicus" (entspricht Spartaner) in der Debatte über das Berufsbild und Selbstverständnis des Soldaten etabliert.
[41] Vgl. Wiesendahl 2016
[42] Heiko Biehl, Peter Buchner und Gerhard Kümmel: „Unter Beschuss": Kritik und Aktualität der Inneren Führung der Bundeswehr; in Staack 2014, Seite 10

> ➢ Insbesondere im Hinblick auf die Einsatzbewährung sollten jedoch zunehmend auch im Einsatz verwendete Bundeswehrangehörige Beachtung finden. Hierzu müssen im Rahmen der künftigen Weiterentwicklung vermutlich wissenschaftliche Methoden Anwendung finden, um die individuellen Erfahrungen und Bewertungen nutzbar machen zu können.
>
> ➢ Um Missverständnisse in einer künftigen Weiterentwicklung ausschließen zu können, sollte bewusst zwischen Kritik an der „Philosophie der Inneren Führung" und der Kritik an ihrer Darreichung und Vermittlung (i.S.v. Vorschriften/Dokumenten, Ausbildung und Umsetzung) unterschieden werden.

## 1.3 Eigenes Verständnis der Inneren Führung

Von Rosen berichtet von einem Seminar über die Innere Führung, in welchem Teilnehmer die damals gültige „ZDv 1993" bei Seite legten, als sie das „Handbuch Innere Führung" kennen gelernt hatten; dies sei konkreter, verständlicher und praktischer als die Vorschrift.[43] Dies ist nachvollziehbar und erinnert an das eigene Erlebnis.[44] So sollen folgende Aussagen aus dem „Handbuch" zunächst einmal für sich selbst sprechen.

Zur **Zielsetzung** der Inneren Führung:

*„In unserer Situation des Neuaufbaus von Streitkräften lautet die einzig legitime Frage: Wie kann die deutsche Bundeswehr in der Mitte des 20. Jahrhunderts zu einem Instrument von höchster Schlagkraft gestaltet werden?"* [45]

---

[43] Vgl. Claus von Rosen: Die ZDv 10/1 Innere Führung von 2008. Vorschrift - Handbuch – Überbau; in: Hartmann 2009, Seite 17.

[44] Die Ausführungen in diesem Unterkapitel I.3 geben der Überschrift entsprechend das „eigene Verständnis der Inneren Führung" des Verfassers wieder. Dieses beruht vor allem auf einem intensiven Literaturstudium, einem Seminar zur Inneren Führung im Zuge des Stabsoffizierlehrganges im Jahre 2012 sowie Erlebtem und Erfahrenem aus 20 Dienstjahren in der Bundeswehr.

[45] „Handbuch", Seite 17

## Zum **Kriegsbild**:

*„Mit den raffinierten Methoden der Meinungsbeeinflussung werden staatliche Souveränität und zwischenstaatlicher Verkehr ebenso „unterwandert" wie die Gewissen der Menschen. "* [46]

*„Es genügt aber auch nicht mehr der unselbstständige und fraglose Gehorsam, der auf den Befehl bis in die Einzelheit der Ausführung wartet. [...] Zukünftig wird der Gefechtsverlauf noch unberechenbarer werden, die Belastungen noch härter, die fachlichen Anforderungen noch differenzierter; um so notwendiger wird es, Aufträge zu erteilen, die mit den gegebenen Mitteln in sachlich, zeitlich und räumlich klar begrenzter Verantwortung selbstständig zu erfüllen sind. "* [47]

## Zu **Streitkräften in der Demokratie**:

*„Aber auch die innere Verfassung von Streitkräften in einer freiheitlichen Staatsform muß der Struktur des Staates entsprechen: Wenn autoritäre Regime den Untertanen zuerst Pflichten auferlegen und dann erst, möglicherweise, auch Rechte zugestehen, dann muß ein freiheitlicher Staat im Gegensatz dazu seinen Staatsbürgern primär das Recht auf Leben in Freiheit garantieren. Dann erwächst den Staatsbürgern daraus die Pflicht, diese Freiheit*

---

[46] „Handbuch", Seite 35. Hierzu beschreibt das „Handbuch" recht ausführlich das zu Grunde liegende Kriegsbild im Unterkapitel „Soldat im permanenten Bürgerkrieg". Als wesentliche Merkmale des „permantenten Bürgerkrieges" und des Gefechtes werden dabei genannt: psychologische Kriegsführung, Schwächung der Verteidigungmoral, Technisierung von Truppe und Gefecht, unberechenbarer Gefechtsverlauf, noch härtere Belastungen, dynamisch-technisches Gefecht, unvorstellbare Belastungen des heissen Gefechts (vgl. „Handbuch", Seite 34ff.) Interessant ist dabei, dass die Atomwaffe/der Atomkrieg im Grunde keine Beachtung finden; lediglich einmal werden Massenvernichtungswaffen erwähnt (Seite 38). Hierzu führt Frank Nägler in seinem Beitrag „Zur Ambivalenz der Atomwaffe im Hinblick auf Baudissins frühe Konzeption der Inneren Führung" (in: Schlaffer 2007, Seite 154f) aus, dass die Überlegungen, die Baudissin 1954 im Blick auf den künftigen deutschen Soldaten angestellt hatte, ebenfalls noch im Zeichen eines konventionell ausgelegten Kriegsbildes gestanden haben. Zwar führte die NATO bereits 1952 die Strategie der „massive retaliation" ein, doch General Albert Schnez war 1960 der erste deutsche Offizier, der einen Einblick in die Einsatzpläne für die amerikanischen Nuklearwaffen bekam (vgl. Neitzel 2020, Seite 319).
[47] „Handbuch", Seite 37f

*täglich zu wahren und sie nicht zu mißbrauchen. Damit ist gleichzeitig die Frage beantwortet, welche Werte der Soldat in der Demokratie verteidigen soll: Verteidigenswert ist, was lebenswert ist."*[48]

Zur **Einordnung und Abgrenzung** der Inneren Führung:

*„Geistige Rüstung und zeitgemäße Menschenführung, zusammengefasst in der Inneren Führung, bilden die notwendige Ergänzung zur „äußeren", der organisatorischen, operativen oder taktischen Führung."*[49]

Zu den **Aufgaben der Inneren Führung**:

*„Die erzieherischen Wirkkräfte mancher Gemeinschaften mag man sich selbst überlassen. In einer soldatischen Gemeinschaft jedoch geht es um die Schlagkraft der Truppe, die nicht von Ausbildung und Ausrüstung allein abhängt, sondern wesentlich mitbestimmt wird von der bewußt gestalteten Erziehung, von der Menschenführung, der „Inneren Führung". [...] Solange es Heere gibt, war es erstes Ziel jedes Heerführers, seine Truppe schlagkräftig zu erhalten. Solange es Heere gibt, wurde im Blick auf die Schlagkraft ausgebildet und erzogen. Auch heute kommen wir an diesen Tatsachen nicht vorbei."*[50]

*„Hauptaufgaben der Inneren Führung - Innere Führung umfaßt*

> *1. die geistige Rüstung,*
> *2. zeitgemäße Menschenführung.*

---

[48] „Handbuch", Seite 23

[49] „Handbuch", Seite 171. Die „ZDv 1972" nimmt das Miteinander aus Innerer und Äußerer Führung in der 2. Vorbemerkung noch einmal auf: „Zeitgemäße Menschenführung in den Streitkräften steht gleichrangig neben der taktischen und technischen Führung der Einheiten und Verbände.

Interessant ist in diesem Zusammenhang ferner, dass das Zentrum Innere Führung heute im sog. „Portal Innere Führung" Lehrmaterial zur Verfügung stellt, in welchem ein gänzlich anderes Verständnis von „Äußerer Führung" dargestellt wird. So wird „Äußere Führung" in der Lehrmeinung des Zentrums Innere Führung als „Aufzwingen des eigenen Willens" verstanden. Dies habe 1944 zu Machtmissbrauch und Verbrechen geführt. (Portal Innere Führung – Präsentation „Studium generale_Die Innere Führung_Grundbegriffe_V1.1; Abrufdatum: 09.02.2021)

[50] „Handbuch", Seite 17

*Beide - geistige Rüstung und zeitgemäße Menschenführung – sind Voraussetzung für die Schlagkraft der Truppe."* [51]

Zur **Reichweite** der Inneren Führung:
*„Innere Führung muß das gesamte militärische Leben durchbluten, muß allen in Planungen, Maßnahmen und Regelungen zu spüren sein. Entscheidungen, die ohne Berücksichtigung der inneren Führungsaufgabe getroffen werden, können Fehlentscheidungen sein, weil sie eine wichtige Grundlage außer acht lassen."* [52]

… und schließlich:

*„Innere Führung ist weder „Gesinnungsschulung" noch „weltanschauliche Ausrichtung". Sie ist eine nüchterne, praktische Aufgabe, die sich überall in der Truppe täglich neu stellt. Sie verlangt sachliche Kenntnisse und folgerichtiges Denken, Aufgeschlossenheit und Verantwortungsbereitschaft."* [53]

Anlage 2 stellt das nachfolgend beschriebene Verständnis der Inneren Führung insbesondere in ihrem Zusammenspiel mit der „Äußeren Führung" graphisch dar. Innere Führung wird hier als ein komplexes Denk-, Urteils- und Handlungssystem verstanden, das Maßstäbe für Führungsentscheidungen vorgibt. [54] Die Innere Führung beschreibt die Organisationsphilosophie der Bundeswehr. [55] Dabei bilden zum einen politische und gesellschaftliche Vorgaben und Grundlagen sowie zum anderen das angenommene Kriegsbild den Rahmen, in den die Innere Führung gemeinsam mit der „Äußeren Führung" eingeordnet werden muss. Beide - Innere und Äußere Führung – leisten ent-

---

[51] „Handbuch", Seite 169
[52] „Handbuch", Seite 171
[53] „Handbuch", Seite 173
[54] vgl. schriftliches Interview „Fragen an die Begründer der Inneren Führung"; in: Walz 1987, Seite 32.
[55] Für den Begriff der Organisationsphilosophie siehe Abschnitt II.7

scheidende Beiträge zur Erreichung der gemeinsamen Zielsetzung: eine einsatzbereite Bundeswehr.[56] Durch die unveränderliche „Kernforderung der Inneren Führung" - die Verwirklichung freiheitlich, demokratischer Werte in und durch die Bundeswehr in Grundbetrieb und Einsatz - wird zudem sichergestellt, dass die Bundeswehr eine Streitkraft ist und bleibt, welche im Sinne des politischen Auftraggebers „einsetzbar" ist.[57] Sie hat somit die Funktion zur Integration der Bundeswehr in die Gesellschaft beizutragen und militärisches Handeln zu legitimieren.

Die Innere Führung hat **zwei Aufgaben**: Sie erklärt, wie das „berufliche Selbstverständnis" sowie die „Innere Ordnung" in der Bundeswehr auszugestalten sind. Die dazu notwendigen Gestaltungsfelder sind die Vermittlung „geistigen Rüstzeuges" im Rahmen der politischen, ethischen, historischen und rechtlichen (Persönlichkeits-)Bildung sowie „das Miteinander und die zeitgemäße Menschenführung".[58] Dabei formuliert sie klare Leitsätze, wie

---

[56] Darüber hinaus stehen Innere und Äußere Führung in enger Wechselwirkung und beeinflussen sich gegenseitig.

Baudissin stellt für die Wechselwirkung mit Blick auf die Effizienz fest: „Der Inneren Führung ist als Komplement die ‚äußere' Führung zugeordnet; beide stehen in Wechselwirkung miteinander. Der ‚äußeren' Führung obliegt die Aufbringung und Organisation von Mitteln (Waffen, Geräte, Logistik, Versorgung) sowie die adäquate Strukturierung von Kräften (Personal) zur Bildung von Kampfelementen (Mensch-Maschine-Systeme, Einheiten, Verbände); das Führungssystem setzt also arbeitsteilig geordnete Kollektiv-Elemente im Gefecht ein. Je höher die Führungsebene, desto größer die Gefahr der ‚Versachlichung' des Personellen. Diesen Versachlichungsprozess kompensiert Innere Führung mit ihrer Individualisierung. Das Zusammenspiel beider Führungsaspekte bewirkt optimale Effizienz." (zitiert in: Claus Freiherr von Rosen: Organisatorische Grundlagen der Inneren Führung nach Graf von Baudissin; in: Wiesendahl 2005, Seite 36)

Beispielhaft für die Wechselwirkungen steht, dass sicherlich die meisten Streitkräfte standardisierte Befehlsschemata für sich festgelegt haben, diese ausbilden und anwenden (= äußere Führung). Im Falle der Bundeswehr hat jedoch, neben dem „äußeren Anteil" der Befehlsgebung, insbesondere das eng mit der Inneren Führung verbundene Prinzip des „Führens mit Auftrag" sowie die „Absicht der übergeordneten Führung" einen herausgehobenen Stellenwert.

[57] Was hierbei unter „Einsetzbarkeit" in Ergänzung zu „Einsatzbereitschaft" verstanden werden soll, wird in Unterkapitel II. 2 erläutert werden.

[58] Das „Miteinander" ist hierbei als eine Weiterentwicklung der einstmaligen Hauptaufgabe „zeitgemäßen Menschenführung" gemäß „Handbuch" zu verstehen. Unterkapitel II.6 wird hierzu näher ausführen.

ihre Ansprüche zu erreichen sind. Sie hat ferner die Funktion zur Motivation beizutragen.

Innere Führung muss dabei im weiteren Systemsinn einerseits und im engeren Sinne als Ergänzung zur äußeren Führung verstanden werden.[59] Um Innere Führung im engeren Sinne verstehen und einordnen zu können, bedarf es einer Betrachtung der Inneren Führung in ihrem weiteren Systemsinn. Kutz stellt fest, dass sich Innere Führung erst in ihrer ganzheitlichen Einbettung erschließt, wenn sie als ein systematisches Gesamtkonzept für das Nachdenken über Krieg, Politik und Militär, sowie über alle wesentlichen Aspekte innermilitärischer konzeptioneller Probleme begriffen wird.[60]

## 1.4 Eigene Bewertung der Inneren Führung

*„Ich vermag keine Defizite im Ansatz der Konzeption zu erkennen. Der Entwurf gründet sich auf Grundgesetz und Kriegsbild und folgert daraus gewisse Führungserfordernisse."*[61]

In Folge des Verständnisses der Inneren Führung als Denk-, Urteils- und Handlungssystem, welches Maßstäbe für Führungsentscheidungen gibt, ist es nicht verwunderlich, dass sie keine Antworten auf alle Fragen in ihrem weiteren Sinn- und Wirkzusammenhang gibt. So legt sie zwar mit ihrem politischen, ethischen, historischen und rechtlichen Fundament die normen- und wertebasierte Grundlage, um als Maßstab für Führungsentscheidungen und den Dienst als Angehöriger der Bundeswehr dienen zu können. Als theoretisches Konstrukt ist sie aber Denk- und Orientierungshilfe. Sie zeigt Notwendigkeiten auf und hilft, Schlüsse zu ziehen. Sie hilft die richtigen Fragen zu stellen. Sie wird sie jedoch nicht selbst beantworten bzw. umsetzen können.

---

[59] Mit Blick auf Anlage 2 bedeutet dies:
Innere Führung im weiteren Systemsinn umfasst das gesamte Schaubild.
Innere Führung im engeren Sinne beschreibt den innenliegenden blauen Kasten.
[60] Vgl. Kutz 2006, Kapitel X. Die Geburt der Inneren Führung aus dem Geist der Tradition – Denkwege für eine theoriegeleitete Praxis, Seite 162ff
[61] Baudissin; in: Walz 1987, Seite 17

Hierzu bedarf es des denkenden und aus Überzeugung handelnden Menschen.[62] Eine Konzeption kann nicht versagen. Sie kann sich allenfalls als nicht zielführend oder in sich unschlüssig erweisen. Menschen hingegen können sehr wohl in der Anwendung einer Konzeption versagen.

An dieser Stelle soll der zuvor dargestellten **Legitimations- und Integrationskritik** eine andere diesbezügliche Sichtweise gegenübergestellt werden.[63] Vereinfachend gesagt, wird die Innere Führung dahingehend kritisiert, dass sie keine Begründungsansätze für heutige Auslandseinsätze liefern und es heute nicht (mehr) gewährleisten könne, die Bundeswehr in der Gesellschaft integriert zu halten. Die Legitimationskritik beinhaltet dabei auch, dass die Frage nach dem „Dienen wofür?" insbesondere durch die starke Ausrichtung der Bundeswehr auf Aufgaben und Einsätze im Rahmen des Internationalen Krisenmanagements (IKM)[64] nicht mehr zufriedenstellend durch die Innere Führung beantwortet werden könne. Es ist davon auszugehen, dass die Legitimationskritik trotz der aktuell deutlichen Rückbesinnung auf die Landes- und Bündnisverteidigung (LV/BV) nicht nachlassen wird. Denn es ist nicht abzusehen, dass Einsätze im Rahmen des IKM der Vergangenheit angehören werden. Nicht zuletzt durch die Aussetzung der Wehrpflicht sei auch im Hinblick auf die Integrationskritik eine wichtige Säule „weggebrochen", welche

---

[62] An dieser Stelle soll einmal folgende Feststellung und Fragestellung des Verfassers ausgeführt werden: Führt bspw. ein Angriff - etwa im Rahmen einer militärischen Übung - nicht zum gewünschten Erfolg, so wird im Zuge der Übungsauswertung regelmäßig nicht die sog. „Beurteilung der Lage der Landstreitkräfte" (BdL) an sich in Frage gestellt. Vielmehr wird nachvollzogen, wo diese nicht schlüssig angewendet wurde. Sie hat für das deutsche Heer den Stellenwert einer heiligen Kuh, welche es auch in Zeiten zunehmender „Combinedness" bis auf unterster taktischer Ebene und daraus folgendem multinationalen Interoperabilitätsbedarf gegen die Ersetzung durch andere Operationsplanungsprozesse zu verteidigen gilt. Es scheint, als sei sie unfehl- und unantastbar. Und tatsächlich handelt es sich bei ihr um ein Erfolgsmodell aus dem Bereich der „Äußeren Führung", welches - wie auch die Innere Führung - als ein „komplexes Denk-, Urteils- und Handlungssystem, das Maßstäbe für Führungsentscheidungen vorgibt, verstanden werden kann. Dabei hilft sie im Rahmen komplexer Operationsplanungen vor allem, die richtigen Fragen zu stellen.
Grundsätzlich anders scheint sich dies mit der Inneren Führung zu verhalten. Hakt es hier oder dort, wird nicht etwa geschaut, wo sie missverstanden oder unzweckmäßig angewendet wird. Nein, sie wird an sich in Frage gestellt. Es stellt sich die Frage: wieso ist das so?
[63] Siehe Unterkapitel I.2.
[64] Vgl. Bundesministerium der Verteidigung: K-1/1 Konzeption der Bundeswehr, 2018

dazu beigetragen habe, die Bundeswehr in die Gesellschaft integriert zu halten.

Da die **Legitimation** und die Integration mit der „ZDv 1993" zu den Zielen der Inneren Führung ernannt wurden[65], werden diese folgerichtig auch als Bewertungsmaßstäbe genutzt. Dies erscheint jedoch mit Blick auf die seinerzeitige „baudissinsche Innere Führung" nicht angebracht. Der Inneren Führung wird durch diese nachträgliche Zieländerung Unrecht getan und sie verliert so die innere Schlüssigkeit. Sie ist somit in Verkennung realistischer Ziele und Nichtbeachtung ihrer einstigen Zielsetzung - der Schlagkraft der Bundeswehr - fast schon zum Scheitern verurteilt. Unbenommen nehmen die Legitimation des militärischen Dienstes und die Verwendung von Streitkräften in Krise und Krieg sowie die Integration der Bundeswehr in die Gesellschaft einen zentralen Platz in der baudissinschen Gedankenführung zur Inneren Führung ein.[66] Dabei sind beide aber mehr als grundlegende Notwendigkeit für die Einordnung der Bundeswehr in den demokratisch verfassten Staat zu verstehen, um die „Einsetzbarkeit" der Streitkräfte im Sinne der Gesellschaft und der politischen Verantwortungsträger zu erreichen. Hartmann spricht hier vom „Integrationsgebot der Inneren Führung".[67] Die Innere Führung ermahnt dazu, sich dieser Notwendigkeit immer wieder bewusst zu werden und fordert die entsprechend Verantwortlichen auf, ihren jeweiligen Beitrag zu leisten. Die drei wesentlichen Akteure bilden hierbei das klassische Dreieck aus Gesellschaft - Politik - Militär. Es kann nicht der Anspruch der Inneren Führung sein, die Frage beantworten zu können, warum die Bundeswehr etwa in Afghanistan eingesetzt werde. Dies fällt allein in die Verantwortung der politischen Entscheidungsträger. Buchner kommt zu dem Schluss, Legitimität müsse in einem politischen Verhandlungsprozess reifen.[68] Innere Führung hält dazu an, eine schlüssige und akzeptable Antwort auf diese Frage

---

[65] Darüber hinaus auch die Motivation und die Gestaltung der Inneren Ordnung.

[66] Diesbezüglich wird Peter Buchners Beitrag: Baudissins Legitimationsvorstellungen und die gegenwärtigen Einätze der Bundeswehr (in: Staack 2014, Seite 15ff) empfohlen.

[67] Uwe Hartmann: Baudissin und die Weiterentwicklung der Inneren Führung; in: Staack 2011, Seite 51

[68] Peter Buchner: Baudissins Legitimitätsvorstellungen und die gegenwärtigen Einsätze der Bundeswehr; in: Staack 2014, Seite 19

durch Gesellschaft und Streitkräfte unablässig einzufordern sowie durch die Politik zu formulieren.[69] Die Zielformulierung der gültigen „ZDv 2017" (Ziel: Legitimation), nach der es eines der Ziele der Inneren Führung sei, [...] den Sinn des militärischen Auftrages, insbesondere bei Auslandseinsätzen, einsichtig und verständlich zu machen[70], ist somit mindestens missverständlich. Die legitimatorische Begründung eines konkreten Einsatzes ist und bleibt nicht zuletzt auf Grundlage des „Primats der Politik" und der Bundeswehr als „Parlamentsarmee" Aufgabe der Politiker. Innere Führung vermittelt sodann die politische Begründung im Rahmen der Hauptaufgabe „geistige Rüstung" in Form politischer und rechtlicher Bildung, um somit wiederum einen wesentlichen Beitrag zur Einsatzbereitschaft und „Einsetzbarkeit" der Bundeswehr - als eigentlichem Ziel der Inneren Führung - zu leisten. Das politische Bildung hierbei auf schlüssige und überzeugende Begründungen seitens der Politik angewiesen ist, bedarf sicherlich keiner weiteren Erklärung. Sie kann nur so gut sein wie die Vorlage aus den Reihen der politischen Entscheidungsträger. Somit richtet sich die Legitimationskritik gegenüber der Inneren Führung an den grundsätzlich falschen Adressaten.

Ebenfalls zum Legitimationsziel gehörig, ist es gemäß „ZDv 2017" Ziel der Inneren Führung, die Frage nach der Sinnhaftigkeit des Dienens zu beantworten.[71] In diesem Zusammenhang ist die bekannte Frage des „Dienens wofür?" zu nennen. Diese Fragestellung ist besonders vor dem Hintergrund der Bundeswehr als einstmaliger Wehrpflichtarmee zu verstehen. So wurden Vorgesetzte bis zur Aussetzung der Wehrpflicht regelmäßig mit jungen Soldaten konfrontiert, die ein Anrecht darauf hatten zu erfahren, warum es notwendig sei, den Pflichtdienst in der Bundeswehr abzuleisten. Da mittlerweile niemand mehr dazu verpflichtet ist, den Dienst in der Bundeswehr zu leisten und der Eintritt in die Streitkräfte freiwillig erfolgt, wird die Frage nach der grundsätzlichen Sinnhaftigkeit des militärischen Dienstes vermutlich nicht mehr so

---

[69] Dass dieser Forderung oftmals nicht ausreichend entsprochen wird, ist Gegenstand der immer wieder aufkommenden „Strategielosigkeitsdebatte" zur deutschen Außen- und Sicherheitspolitik. Diese soll hier jedoch nicht weiter vertieft werden.

[70] „ZDv 2017", Nummer 401

[71] Vgl. ebenda

häufig gestellt[72]; dafür jedoch die Frage nach der Begründung für den konkreten Einsatz umso häufiger und nachdringlicher. Dies nicht zuletzt auf Grund der Tatsache, dass hier gegebenenfalls tatsächlich Leib und Leben in Gefahr gebracht werden. Dass hier jedoch die Bringeschuld auf Seiten der Politik liegt, wurde bereits ausgeführt. An Stelle der Frage nach dem „Dienen wofür?" sollte heute die Frage nach dem „guten Dienen, wie?" gesetzt und im Rahmen der Inneren Führung beantwortet werden.[73] Damit wird jedoch die zentrale Fragestellung aus dem Bereich des Legitimatorischen herausverlagert und in einen anderen Zusammenhang gestellt. Bei aller angebrachten Kritik bezüglich der mangelnden oder unglücklich kommunizierten Legitimation; mit der Inneren Führung richtet sie sich an den falschen Adressaten. Zurückzuführen ist dies vor allem auch auf eine veränderte Zielzuschreibung für die Innere Führung.

Ähnlich wie im Falle der Legitimationskritik, verhält es sich mit der **Integrationskritik**. So wird die Innere Führung oftmals dafür gescholten, sie könne ihr eigenes Integrationsziel nicht erreichen. Dieses besteht gemäß „ZDv 2017" darin, die Einbindung der Bundeswehr in Staat und Gesellschaft zu erhalten und zu fördern sowie Verständnis für den Auftrag der Bundeswehr im Rahmen der deutschen Sicherheits- und Verteidigungspolitik bei den Bürgerinnen und Bürgern zu gewinnen.[74] Fakt ist, dass das Verhältnis von Bundeswehr und Gesellschaft Raum für Verbesserung bietet. Die Bewertung

---

[72] Sehr vereinfacht gesagt, bedarf es zur Beantwortung der Frage nach dem „Dienen wofür?" auch garkeiner Inneren Führung. So liefern Artikel 87a des Grundgesetztes ((1) Der Bund stellt Streitkräfte zur Verteidigung auf / (2) Außer zur Verteidigung dürfen die Streitkräfte nur eingesetzt werden, soweit dieses Grundgesetz es ausdrücklich zuläßt.) sowie §7 des Soldatengesetzes (das Recht und die Freiheit des deutschen Volkes zu verteidigen) eine recht eindeutige Antwort.
[73] Die Leitfrage vom „guten Dienen, wie?" wird im weiteren Verlauf noch wiederholt aufgenommen werden.
[74] „ZDv 2017", Nummer 401

reicht dabei von „freundlichem Desinteresse"[75] bis zur Skepsis oder gar völligen Ablehnung gegenüber allem Militärischen seitens der Gesellschaft.[76] Auf Seiten der Bundeswehr bzw. der Soldaten reicht das Spektrum von der „Gier nach Anerkennung"[77] bis zu Abschottungstendenzen und verstärktem Innenbezug.

Aber auch hier wird empfohlen, realistisch zu bleiben und der Inneren Führung erreichbare Ziele ins Lastenheft zu schreiben. Eine Integration im Sinne von Einbindung setzt das Wollen und Wohlwollen, zumindest aber das Pflichtgefühl aller Beziehungspartner voraus. Jeder hat dabei einen Beitrag zu leisten. Dabei kann die Integration nur ein gemeinsames Ziel sein. Der einzelne kann lediglich den begründeten Wunsch nach Einbindung äußern und eigene Beiträge entwickeln und umsetzen. Baudissin führte in einem Vortrag über die Innere Führung zum Verhältnis zwischen Gesellschaft und Militär aus: „Aus dieser Sicht hat die Armee eines jeden Staates und jeder Epoche ihre unverwechselbare Individualität. Selbst dort, wo sie sich zum politischen und/oder gesellschaftlichen Fremdkörper emanzipiert, liegen die Voraussetzungen für eine solche Entwicklung primär bei der Gesellschaft. Es ist eben der jeweilige Staat, der sein Instrument nach seinem Selbstverständnis und für seine Zwecke prägt – oder auch sich selbst überläßt; es ist die jeweilige Gesellschaft, deren Wertvorstellungen, Erwartungen und Verhaltensweisen

---

[75] So Bundespräsident Horst Köhler in seiner Rede anlässlich der Kommandeurtagung der Bundeswehr am 10.10.2005 in Bonn. Bundespräsident Frank-Walter Steinmeier nimmt die Köhlersche Formulierung auf und stellt jüngst fest: „Es scheint paradox: Die Bundeswehr übernimmt heute mehr Verantwortung als je zuvor, ist aber im Bewusstsein, im Alltag der allermeisten Deutschen fast unsichtbar geworden. […] Es droht ein freundliches Desinteresse, eine Gleichgültigkeit, die dem Vertrauen zwischen Bundeswehr und Gesellschaft nicht dient." (Rede des Bundespräsidenten Frank-Walter Steinmeier anlässlich des feierlichen Gelöbnisses am 12.11.2020). Als lesenswerten Beitrag zum Verhältnis Bundeswehr und Gesellschaft wird Heiko Biehl: Zustimmung unter Vorbehalt. Die deutsche Gesellschaft und ihre Streitkräfte (in: Wiesendahl 2007, Seite 103ff) empfohlen.
[76] „Wir leben in einer zutiefst pazifistischen Gesellschaft mit einer Grundskepsis gegenüber allem Militärischen." (Bundesverteidigungsminister Thomas de Maiziere gegenüber der Frankfurter Allgemeinen Sonntagszeitung am 24.02.2013).
[77] Vgl. ebenda

den Soldaten und die soldatische Ordnung – positiv oder negativ – bestimmen."[78] Die Innere Führung hat auch hier eine mahnende Funktion, indem sie dazu anhält, sich der Notwendigkeit der Integration bewusst zu sein. Wie bereits im Falle der Legitimationskritik, richtet sich die Integrationskritik mit der Inneren Führung an den falschen Adressaten.[79] Auch hier ist dies eine Folge der geänderten Zielsetzung der Inneren Führung.

In Zeiten schwacher bis fehlender Begründungen für Einsätze und zunehmender Entfremdung zwischen Gesellschaft und Militär zeigt sich nicht die Schwäche oder gar das Versagen der Inneren Führung. Vielmehr kann sie ihre Stärke auch genau dann zeigen, wenn sie unablässig dazu auffordert, Begründungen zu geben und Nähe herzustellen. Biehl kommt zu einem ähnlichen Schluss: „Die fehlende Unterstützung für die Auslandseinsätze ist nicht gleichzusetzen mit einer Kritik an oder gar einem Versagen der Inneren Führung. Wenn die Mehrheit der Deutschen den Afghanistaneinsatz nicht mitträgt, dann hat nicht die Innere Führung versagt. Vielmehr sind ihre Ansprüche nicht erfüllt. Die Bundeswehr wie die politischen Organe sind angehalten, sich nachdrücklich dafür einzusetzen, dies zu ändern. Wer eine mangelnde gesellschaftliche Unterstützung für die Streitkräfte, ihre Aufgaben und Einsätze beklagt sowie mehr Interesse, Anerkennung und Unterstützung einfordert, ist mithin kein Kritiker der Inneren Führung, sondern im Gegenteil deren Verfechter. Wer solche Positionen vertritt, bewegt sich bereits auf dem Fundament der Inneren Führung."[80]

Im Hinblick auf die Einsatztauglichkeit wird an dieser Stelle die These vertreten: Die **Innere Führung hat sich im Einsatz bewährt**. Sie hat dabei ihre „Feuertaufe bestanden" und ist vermutlich zeitgemäßer denn je. Darüber hinaus: Sie ist geeignet, einen qualitativen Mehrwert insbesondere auch auf der

---

[78] Baudissin 1971, Seite 2

[79] Generalmajor a.D. Christian Millotat sieht im Falle der Integration der Bundeswehr in die Gesellschaft vor allem die Politik in der Verantwortung: „Mit der Übernahme der Konzeption der Inneren Führung als geistigem Überbau der Bundeswehr haben die Politiker zu Recht die Aufgabe an sich gezogen, die Integration der Streitkräfte in die Gesellschaft zu leisten und zu gestalten." (Millotat 2005, Seite 11)

[80] Heiko Biehl: Einsatzmotivation zwischen Landesverteidigung und Intervention. Wie relevant ist die Innere Führung für Soldaten im Einsatz?; in: Staack 2014, Seite 39

taktischen Ebene zu leisten. Diese Bewertung soll dabei wie folgt begründet werden.

Der Auslandseinsatz kann sich für den einzelnen Soldaten und eingesetzte Einheiten als eine besondere Bewährungsprobe herausstellen. Mit ihm sind oftmals Härten und Entbehrungen verbunden, welche mit den Herausforderungen des gesellschaftlichen Lebens und Alltags in Deutschland und dem militärischen Grundbetrieb nicht vergleichbar sind. Neben die reele Gefahr des möglichen Getötetwerdens tritt die besondere ethisch-moralische Herausforderung, unter Umständen selbst töten zu müssen.[81] Dies gilt insbesondere in Zeiten „Neuer Kriege", die durch ein hohes Maß an Ungewissheit und heimtückisch kämpfenden Feindkräften charakterisiert sind und somit einen guten Nährboden für Misstrauen, Frustration, Wut und Rachegefühle der eingesetzten Soldaten bieten.[82]

Das „Handbuch" führt aus: „[…] Vor allem aber muß sie [die Innere Führung] dem Einzelnen raten und helfen, das Seine zur Überwindung der Schwierigkeiten beizutragen. Sie muß dem Soldaten die Kraft geben und finden lassen, innerlich mit den äußeren Schwierigkeiten fertig zu werden. Hierin zeigt sich, daß Innere Führung weder mit allgemeiner Wohlfahrt noch mit Verweichlichung gleichzusetzen ist. Sie will mit zeitgemäßen Mitteln und unter neuen Formen den Soldaten zur inneren Härte und Selbstdisziplin erziehen, die die wichtigste Voraussetzung für sein Bestehen als Einzelkämpfer bilden."[83] Dabei ist die zitierte Passage aus dem „Handbuch" auch vor dem Hintergrund der „Kernforderung der Inneren Führung" - die Verwirklichung freiheitlich, demokratischer Werte in und durch die Bundeswehr - auch im

---

[81] Im Hinblick auf die ethische Komponente der Inneren Führung wird hier beispielhaft für eine Vielzahl von Abhandlungen auf den Beitrag „Baudissins Konzeption Innere Führung und lutherische Ethik" von Angelika Dörfler-Dierken (in Schlaffer 2007, Seite 55ff) hingewiesen.

[82] Vgl. Marcel Bohnert: Zwischen Bewährung und Versagen: Innere Führung heute (Unterkapitel „Bewährung der Inneren Führung in Afghanistan: Verhinderung von Kriegsgräuel); in: Pahl 2018, Seite 99f

[83] „Handbuch", Seite 173

Rahmen des Auslandseinsatzes zu verstehen; hier insbesondere der Stellenwert der Menschenwürde und des Rechts auf Leben und körperliche Unversehrtheit.[84]

Vor allem die Schilderungen der Erlebnisse aus dem Afghanistan-Einsatz stellen Gefechtssituationen, den Feuerkampf, die Beurteilung der Lage im laufenden Gefecht und die Wahrnehmung des Gegners inklusive der Betrachtung und Analyse seiner Art zu kämpfen in den Vordergrund. Dabei wird auch die eigene Bewährung im Gefecht, der Stellenwert (vermeintlich) soldatischer Tugenden, Kameradschaft und die kleine Kampfgemeinschaft als Nukleus militärischen Handwerks in den Fokus gerückt. Wiesendahl stellt fest: „Die stark im Heer vertretenen Anhänger der Denkschule ‚Sparta' sehen dagegen die neue Einsatzwirklichkeit der Bundeswehr durch die Brille des Kampfes. Es geht primär um das Gefecht, um Operationsführung im Kleinen. Dies berührt den Wesenskern des Soldatischen, nämlich die Vorbereitung und Durchführung von Feuergefechten, um im Kampf den Gegner niederzuringen. Im Kampf bewähren sich Streitkräfte."[85] Dies ist vor allem für diejenigen, die es selbst erlebt haben, durchaus nachvollziehbar. Es sind prägende Erlebnisse und Erfahrungen, welche Hinweise darauf geben, ob das militärische Handwerk beherrscht wird, die „Äußere Führung funktioniert" und nicht zuletzt die Berufswahl richtig war, ob man den ultimativen Herausforderungen des Soldatenberufes gewachsen ist.

Tatsächlich wird hierdurch der Auslandseinsatz aber nur ausschnittweise und daher unvollständig betrachtet. So führte der einstmalige Generalinspekteur der Bundeswehr Wolfgang Schneiderhan treffend aus: „Der archaische Kämpfertyp, den schon Baudissin für den Aufbau der Bundeswehr als unzureichend erachtete, kann den heutigen hohen Ansprüchen nicht genügen,

---

84 Grundgesetz, Art 1 und 2
85 Elmar Wiesendahl: Bundeswehr ohne Halt. Zu Fehlentwicklungen der Inneren Führung; Internetseite: www.ethikundmilitaer.de, Ethik und Militär – Kontroversen in Militärethik & Sicherheitspolitik (Abrufdatum: 08.02.2021)

bzw. erfüllt nur noch einen Teil der vom miles protector geforderten Fähigkeiten."[86] Dies gilt insbesondere für Einsätze, welche unter Überschriften wie „Neue Kriege", asymmetrische Konflikte oder etwa Counterinsurgency stehen. Zu einer umfassenden Darstellung und Analyse gehört eben auch, die Komplexität des „dynamischen und komplexen Einsatzumfeldes" als Ganzes darzustellen. So treten beispielsweise neben den „Feind" eine Vielzahl weiterer Akteure: lokale Sicherheitskräfte, verbündete Streitkräfte, Vertreter einer Vielzahl von Regierungs-/ Nichtregierungsorganisationen, Journalisten und nicht zuletzt die allgegenwärtige Zivilbevölkerung. Manch ein Einsatzsoldat und seine (Teil-) Einheit müssen vor lauter Gefechtsbezogenheit sogar daran erinnert werden, dass es andere Bundeswehr-Kontingentangehörige als sie selbst gibt. Die im Einsatzland übliche und despektierliche Unterteilung der Einsatzkontingente in sogenannte „Drinnies" und „Draußies" ist nur ein Indiz für die bisweilen starke „die-wir"-Abgrenzung.

Es wird an dieser Stelle angenommen, dass die bereits erwähnte Möglichkeit des Aufkommens von Misstrauen, Frustration, Wut und Rachegefühlen mit dem steigenden Grad der eigenen Abschottung gegenüber anderen, der Innenbezogenheit und der Fokussierung auf eigene Gefechtserlebnisse zunimmt. Die Folge - so wird hier weiter bewertet – ist ein verminderter Einsatzwert der eingesetzten Truppe.

Auch muss Beachtung finden, dass es neben dem Gefecht weniger „spektakuläre" Phasen im Einsatzalltag gibt. Dies scheint durch eine zu starke Konzentration auf die Schilderung von Gefechtserlebnissen seit dem Jahre 2009 in Vergessenheit geraten zu sein. Tatsächlich zeigt die Relation aus Gefechts- und Nicht-Gefechtstagen, dass erstere im Falle der Bundeswehreinsätze immer noch und absehbar die Ausnahme sind. Wenngleich weniger spektakulär, so bedeutet dies aber keinesfalls, dass nur an Gefechtstagen das heutige „soldatische Handwerk" zur Anwendung kommt. Vielmehr zeichnet den echten „Profi" aus, dass er auch die vermeintlich weniger „spannenden" Aufträge

---

[86] Wolfgang Schneiderhan: Wolf Graf von Baudissin und die demokratische Militärreform; in: Wiesendahl 2007, Seite 38

gewissenhaft und mit der notwendigen Ernsthaftigkeit erfüllt. Gesprächsaufklärung mit der Zivilbevölkerung und das Gefecht mit dem „Feind" stehen oftmals in enger Verbindung.

Doch wo kommt hier die Innere Führung zum Tragen? Insbesondere in Form des ihr zugrundeliegenden grundsätzlich **positiven Menschenbildes** und des Verständnisses vom richtigen Umgang miteinander.[87] Dabei ist die Verinnerlichung des Menschenbildes nicht nur verfassungsrechtliche Vorgabe[88], sondern auch von konkretem taktischen Nutzen. Ungerer führt dazu aus: „Führen nach Menschenbildern ist Führen von vorne. […] Das Menschenbild steuert nicht nur das kampftaktische Verhalten, sondern belebt auch die gesamte Grundhaltung eines Menschen."[89] Das Gewinnen von „hearts and minds" gelingt nach eigenem Erleben allemal besser durch einen wertschätzenden und respektvollen Umgang. So schwer es fällt, dies gilt auch gegenüber lokalen Sicherheitskräften und der Zivilbevölkerung. Auch wenn die Verbindung und Sympathie von Teilen dieser Akteure zum „Feind" vermutet oder gar nachgewiesen wurde und eigenes Misstrauen somit durchaus nachvollziehbar ist.[90]

---

[87] Vgl. Claus von Rosen: Organisatorische Grundlagen der Inneren Führung nach Graf von Baudissin; in: Wiesendahl 2005, Seite 41f)

[88] Artikel 1 des Grundgesetzes qualifiziert nicht nur die Würde des Menschen als unantastbar. Es ist darüber hinaus auch Verpflichtung aller staatlichen Gewalt - also auch der militärischen-, sie zu achten und zu schützen.

[89] Dietrich Ungerer: Menschenbild und Kampfverhalten; in: Hartmann 2009, Seite 183ff.

[90] An dieser Stelle sollen in aller Kürze eigene Einsatzerlebnisse die Bewertung der „Einsatzbewährung der Inneren Führung" ihren konkreten taktischen Nutzen untermauern.
So habe ich meine Kompanie dazu angehalten, stets die Nähe zur Bevölkerung und den lokalen Sicherheitskräften zu suchen und versucht, dies selbst vorzuleben. Für das Bestehen im Einsatz war es für mich notwendig, dass wir uns so weit als möglich „unters Volk mischen" und ein Gespür für die Atmosphäre vor Ort entwickeln. Tatsächlich muss ich dabei feststellen, dass uns bei aller „Heimtücke" der Taliban nur zwei von insgesamt etwa 20 Gefechten überrascht haben. Eines wurde uns sogar unmittelbar vor dem ersten feindlichen Feuerstoß durch einen Dorfältesten angekündigt. Das Schaffen einer vertrauensvollen Beziehung zur Bevölkerung hat bspw. dazu beigetragen, dass wir in der weiteren Folge unseres Einsatzes äußerst hilfreiche, weil den Tatsachen entsprechende Hinweise über die Absichten und das Verhalten der Taliban bekommen haben.

In diesem Zusammenhang ist eine Betrachtung von Sönke Neitzels jüngstem Buch „Deutsche Krieger – Vom Kaiserreich zur Berliner Republik – eine Militärgeschichte" und hier insbesondere seine Ausführungen zu den sogenannten **„tribal cultures"** angeraten.[91] So führt er aus: „Die unterschiedlichen tribal cultures der Truppengattungen waren in Afghanistan deutlich sichtbar. Die Infanteristen waren zweifellos gleichermaßen tapfer, aber die Fallschirmjäger betrachteten sich als Elite, galten als aggressiver als etwa die Gebirgsjäger, die in ihrer zumeist jovialen bayerischen Art, auch durch die kulturelle Prägung der Gebirgsausbildung, als zurückhaltender und besonnener beschrieben werden."[92] In einem Vergleich des Afghanistan-Einsatzes der Bundeswehr und dem Zeitalter der Weltkriege stellt er schließlich Parallelen fest: „Das betraf vor allem die situative Wirkung der Gefechte, die Rolle der Pri-

---

[91] In seiner Darstellung deutscher Streitkräfte seit 1871 betrachtet Sönke Neitzel diese jeweils aus drei unterschiedlichen Perspektiven: 1. Die von Politik und Gesellschaft gesetzten Rahmenbedingungen; 2. Das innere Gefüge der Streitkräfte; 3. Die handwerkliche Ebene des Militärs. In seinen Betrachtungen des inneren Gefüges der Streitkräfte richtet er ein besonderes Augenmerk auf die verschiedenen Waffen-/Truppengattungen und stellt Ähnlichkeiten mit den sog. „tribal cultures" amerikanischer Ureinwohner fest. Für den Zusammenhalt der Streitkräfte waren die „tribal cultures" von besonderer Bedeutung. Sie verbanden die Primärgruppen mit der Gesamtorganisation, waren damit eine Art Transmissionsriemen zwischen „oben" und „unten". (vgl. Sönke Neitzel 2020, Seite 18-20).
Die Fallschirmjägertruppe findet in seinem Buch besondere Beachtung, dies gilt vor allem für seine Ausführungen über den Afghanistan-Einsatz der Bundeswehr. Hierzu wird auf den Abschnitt „Die Bundeswehr in Afghanistan – Tribal cultures" ab Seite 532 verwiesen.
Sönke Neitzels Buch „Deutsche Krieger" umfasst 816 Seiten. Einen recht guten Überblick über das Werk bietet die Rezension im „Jahrbuch Innere Führung 2020" (Hartmann 2020, Seite 387ff). Im Hinblick auf Neitzels Aussagen zur Inneren Führung stellt der Rezensent fest, dass Neitzel dazu tendiere, den Kritikern Baudissins recht zu geben. Dieser Eindruck wird hier geteilt. Bzgl. Neitzels Ausführungen zu den tribal cultures merkt der Rezensent an, dass diese in mancherlei Hinsicht hilfreich seien. Allerdings betone Neitzel das militärische Handwerk so stark, dass kein Platz bleibe für die Erkenntnis, dass sich das Politische weit auf das Gefechtsfeld erstrecke und der Soldat für die politischen Wirkungen seines Handelns mitverantwortlich sei. Auch diese Bewertung wird geteilt.
Als ein weiterer sehr guter Beitrag zur Entwicklung der Inneren Führung in der Bundeswehr wird auf Kutz, Martin: Deutsche Soldaten – Eine Kultur- und Mentalitätsgeschichte, WBG-Verlag, 2006 verwiesen.
[92] Neitzel 2020, Seite 538f

märgruppen und der tribal cultures, aber auch der Fremdheitsgefühle gegenüber der einheimischen Kultur, die zuweilen in Verachtung umschlugen."[93] Und schließlich resümiert Neitzel: „In den tribal cultures der Kampftruppen hatte das von manchen Soziologen totgesagte Kriegertum überlebt."[94]

Neitzels Ausführungen zum Afghanistan-Einsatz und hier insbesondere über Kunduz im Zeitraum 2009 bis 2011 erinnern an eigene Einsatzerlebnisse am selben Ort und im (Teil-) Zeitraum 2009 auf 2010. Vor allem vor dem Hintergrund der eigenen Erlebnisse sind seine Darstellungen der deutschen Einsatzsoldaten und seine Ausführungen zu den entsprechenden „tribal cultures" sehr interessant, wenngleich sie kritisch hinterfragt werden. So wird hier deutlich bewertet, dass eine zu starke Ausprägung der jeweiligen „tribal cultures" gerade vor dem Hintergrund heutiger Einsatzrealitäten im Sinne der Auftragserfüllung kontraproduktiv ist. Es gilt gerade im Hinblick auf den Einsatzwert der Truppe vor Ort, die faktischen Wechselwirkungen zwischen taktischer, operativer und strategischer Ebene, nicht zuletzt aber auch das Beziehungsdreieck aus Gesellschaft – Militär – Politik zu stark ausgebildete „tribal cultures" zu verhindern und diese durch überzeugende Gegenangebote „einzufangen". Es liegt auf der Hand, dass Innere Führung an dieser Stelle weitgehend betroffen ist. Folglich sollten Neitzels Ausführungen im Rahmen der Weiterentwicklung der Inneren Führung Beachtung finden.

Gerade im Hinblick auf die Einsatzbewährung der Inneren Führung und ihren (künftigen) Stellenwert für die Auslandseinsätze der Bundeswehr gilt es die Frage nach dem „guten Dienen, wie?" in das Zentrum der Überlegungen zu rücken und eine klare, einsatztaugliche Antwort zu entwickeln.

Aus hiesiger Sicht wird die Entwicklung hin zu den heutigen „**Gestaltungsfeldern**" sowie ihr derzeitiger Stellenwert kritisch bewertet. Zwar mögen die Verfasser der „ZDv 2008" die Forderung des Handbuches, die Innere Führung solle das gesamte militärische Leben durchbluten[95], im Hinterkopf ge-

---

[93] Neitzel 2020, Seite 550
[94] Neitzel 2020, Seite 596
[95] Vgl. „Handbuch", Seite 171

habt haben als sie weniger drastisch formulierten, dass sie das gesamte militärische Leben durchdringe[96]. Durch die Gestaltungsfelder entsteht jedoch der Eindruck der Ausschließlichkeit. Das heißt, es könnte abgeleitet werden, dass Innere Führung lediglich innerhalb der explizit genannten Gestaltungsfelder Anwendung finde. Im Weiteren - so wird hier vertreten - trägt diese Engführung zum „weiche Welle"-Image der Inneren Führung bei. Wenngleich in den Vorschriften und Dokumenten zur Inneren Führung mal mehr, mal weniger deutlich ausgeführt wird, dass diese sowohl im Grundbetrieb als auch in Krise und Krieg Anwendung finde bzw. schlussendlich auf das Bestehen im Kampf ausgerichtet sei[97], so wird durch die sehr prominente Erwähnung und umfassende Beschreibung von Gestaltungsfeldern wie etwa „Vereinbarkeit von Familie und Dienst" der Eindruck vermittelt, dass sie keine herausgehobene Bedeutung für Einsatz und Gefecht im engeren Sinne habe. Meyer beschreibt die diesbezügliche Entwicklung der Vorschriften zur Inneren Führung wie folgt: „[Es] wurden immer mehr Inhalte in die Vorschriften aufgenommen, mit denen sich die Streitkräfte zivilen Einrichtungen des öffentlichen Dienstes oder der Privatwirtschaft annähern. Damit will die Bundeswehr jedoch weniger den staatsbürgerlichen Rechten als den wirtschaftsbürgerlichen Bedürfnissen nach einem ‚Betriebsklima', nach Fürsorge sowie nach Vereinbarkeit nach Familie und Beruf bis hin zur Teilzeitarbeit gerecht werden."[98]

---

[96] Vgl. „ZDv 2008", Nummer 107

[97] „Handbuch", u.a. Seite 173: „Hierin zeigt sich, daß Innere Führung weder mit allgemeiner Wohlfahrt noch mit Verweichlichung gleichzusetzen ist. Sie will mit zeitgemäßen Mitteln und unter neuen Formen den Soldaten zur inneren Härte und Selbstdisziplin erziehen, die die wichtigste Voraussetzung für sein Bestehen als Einzelkämpfer bilden."; „ZDv 1972", Vorbemerkung 2: „im militärischen Alltag"; „Erklärstück 1981", Seite 8: „Rolle als Kämpfer und als Angehöriger des öffentlichen Dienstes"; „ZDv 1993", Nummer 301: „...gelten für den gesamten militärischen Dienst im Frieden wie in Krise und Krieg"; „ZDv 2008 & 2017", Nummer 107: „...und bleibt in jeder Lage, vom Innendienst bis zum Gefecht unter Lebensgefahr, gültig."

[98] Berthold Meyer: Innere Führung ist keine Schönwetter-Dienstvorschrift; in: Institut für Friedensforschung und Sicherheitspolitik an der Universität Hamburg: Hamburger Beiträge zur Friedensforschung und Sicherheitspolitik, Heft 153, Dezember 2009 – Detlef Bald, Hans-Günter Fröhling und Jürgen Groß (Hrsg.): Bundeswehr im Krieg – wie kann die Innere Führung überleben?, Seite 41

Zwar versucht die „ZDv 2008", einen verstärkten Einsatzbezug der Inneren Führung herzustellen. Dies überzeugt jedoch nicht und auch von Rosen stellt fest, dass Innere Führung „nur in den ihr zugeordneten Gestaltungsfeldern vorkomme und es kein Gestaltungsfeld „Ausbildung, Dienst im Grundbetrieb und im Einsatz"[99] gebe.

Tatsächlich wirkt es fast, als sei die „ZDv" zur Inneren Führung zu einem Papier für die Rechtfertigung von Dienstposten und Organisationselementen mit fachlichem Bezug zu den einzelnen Gestaltungsfeldern geworden. Somit könnte – insbesondere in Zeiten knapper Ressourcen – der Eindruck entstehen, Innere Führung stünde durch ihre Gestaltungsfelder in Konkurrenz zu anderen Bereichen, welche zu ihrer Umsetzung auf Personal und Haushaltsmittel angewiesen sind. Auch hier formuliert das „Handbuch" deutlich: „Innere Führung geht jeden an. […] Aus dieser gemeinsamen Verantwortung aller Soldaten ergibt sich, daß kein gesonderter Dienstzweig ‚Innere Führung', geschweige denn eine besondere Laufbahn geschaffen werden kann."[100]

Die „ZDv 2017" macht sogar das „Gelingen der Inneren Führung" von den „unverzichtbaren Beiträgen" der Gestaltungsfelder abhängig.[101] Es sollte jedoch weniger darum gehen zu betrachten, was getan werden muss, um Innere Führung „gelingen zu lassen" und sie somit in Schutz zu nehmen. Vielmehr sollte ihre konkrete Bedeutung für das Gelingen in sämtlichen Bereichen militärischer Planungen, Entscheidungen und Handlungen herausgestellt werden. Ganz so, wie es einst das Handbuch tat: „Innere Führung muß das gesamte militärische Leben durchbluten, muß in allen Planungen, Maßnahmen und Regelungen zu spüren sein. Entscheidungen, die ohne Berücksichtigung der inneren Führungsaufgabe getroffen werden, können Fehlentscheidungen sein, weil sie eine wichtige Grundlage außer acht lassen."[102] Es benötigt eine Umkehr in der Erklärung. Innere Führung ist nicht gegen ein Versagen zu

---

[99] Claus von Rosen: Innere Führung und Einsatz aus Perspektive der Pädagogik; in: Sabine Jaberg (Hrsg.): Auslandseinsätze der Bundeswehr: sozialwissenschaftliche Analysen, Diagnosen und Perspektiven, Berlin 2009 (zitiert in: Berns 2015)
[100] „Handbuch", Seite 171
[101] Vgl. „ZDv 2017", Nummer 603
[102] „Handbuch", Seite 171

wappnen. Sie ist als etwas ganz Wesentliches und Mehrwert Bringendes darzustellen. Die aktuellen Gestaltungsfelder sind in diesem Sinne besser als Anwendungsbeispiele zu verstehen.

Im Hinblick auf den Stellenwert der Gestaltungsfelder im Rahmen einer Weiterentwicklung der Inneren Führung vermutet Hartmann, dass Baudissin selbst die Weiterentwicklung der Inneren Führung grundsätzlicher angehen würde und sich nicht auf das Hinzufügen oder die Modifikation von Gestaltungsfeldern beschränken würde.[103] Diese Einschätzung wird hier geteilt und so wird bspw. ein Vorschlag Bohnerts das Themenfeld „Social Media" als neues Gestaltungsfeld der Inneren Führung abzuwägen, an dieser Stelle äußerst kritisch gesehen.[104]

Bezüglich der **Verständlichkeit** wird hier folgende Bewertung getroffen. Die „ZDv 2017" ist in ihrer Sprache einfach und klar. Dennoch: Es gelingt nicht, den Leser in den Bann zu ziehen und vom Mehrwert der Inneren Führung zu überzeugen, ihn für sie zu gewinnen. Dies liegt weniger daran, dass sie in ihrer Wortwahl oder etwa ihrem Satzbau nicht verständlich ist. Ihre grundsätzliche Anlage scheint vielmehr unglücklich konzipiert. So stellt von Rosen fest, dass sie auf Grund ihrer Unübersichtlichkeit, Komplexität und Aufblähung gegenüber Vorgänger-Vorschriften wenig hilfreich sei.[105] Sie reißt nicht mit. Ihre Botschaften verblassen zwischen zwar nicht falschen, aber doch wenig aussagenden Ausführungen.

Der im Rahmen der Studie „Innere Führung in Zahlen"[106] festgestellte, geringe **Bekanntheitsgrad** der Inneren Führung gibt tatsächlich Grund zu Bedenken. Hartmann hält diese Ergebnisse für ernüchternd, vielleicht sogar

---

[103] Uwe Hartmann: Baudissin und die Weiterentwicklung der Inneren Führung; in: Staack 2011, Seite 43

[104] Marcel Bohnert und Lena Pütz: Social Media in der Bundeswehr als Gestaltungsfeld der Inneren Führung; in: Hartmann 2020, Seite 273
Damit wird an dieser Stelle nicht vertreten, dass die Thematik „Social Media" keine Relevanz für die Innere Führung hat. Es geht jedoch viel mehr darum, sie in einem künftigen Gesamtsystem zur Inneren Führung zu platzieren. Hierzu wird vor allem in den Abschnitten III.2 sowie III.3 ausgeführt.

[105] Claus von Rosen: Die ZDv 10/1 Innere Führung von 2008. Vorschrift - Handbuch - Überbau; in: Hartmann 2009, Seite 25f

[106] Dörfler/Kramer 2014

skandalös.[107] Dies gilt umso mehr, als dass die Studie den Bekanntheitsgrad innerhalb der Bundeswehr untersucht hat. Auch hier wird die Position vertreten, dass etwas, was den Anspruch erhebt, verpflichtende Grundlage des eigenen Handelns und Richtschnur für Verhalten und Handeln aller Soldatinnen und Soldaten zu sein[108], nicht nur indirekt, sondern ganz direkt bekannt sein sollte. Alle Angehörigen sollten eine möglichst klare Idee davon haben, was unter der Inneren Führung zu verstehen ist. Sie sollten ihre Inhalte und Argumentationsführung kennen und mit der Bezeichnung „Innere Führung" in Verbindung bringen. Nur so kann eine sachgerechte und auch bewusst kritische Auseinandersetzung erreicht und etwaige Ressentiments, welche oftmals auf schlichter Unkenntnis beruhen, ausgeräumt werden.

---

**Feststellung und Empfehlung für die Weiterentwicklung:**

➢ Innere Führung muss wieder in sich schlüssig sein. Dabei: Überdenken der Zielsetzung der Inneren Führung als Ausgangspunkt für schlüssige Ableitungen und statthaftem Bewertungsmaßstab.

➢ Die einstmalige Innere Führung ist gerade vor dem Hintergrund des heutigen Auslandseinsatzes aktueller denn je.

➢ Sie bewährt sich im Einsatz. Wichtiger noch: Sie ist wesentliche Grundlage für die Bewährung der Bundeswehr im Einsatz. Ihr konkreter Mehrwert für den Erfolg im Einsatz muss deutlicher herausgestellt und vermittelt werden.

➢ Die aktuellen Gestaltungsfelder sind bezüglich ihres Aussagewertes und Nutzens für die Innere Führung kritisch zu hinterfragen.

➢ „Schwere Kost, gut verdaut" - die Verständlichkeit ist ebenengerecht aufzubereiten, dabei ist ihr Bekanntheitsgrad zu steigern.

---

[107] Hartmann 2018, Seite 117
[108] „ZDv 2017", Nummer 501

# 2 Grundannahmen zur Weiterentwicklung

*„Seine Hauptsorge sei immer das offensichtliche Fehlen einer überzeugten Auseinandersetzung der 'Nachfolger' mit der Gesamtkonzeption gewesen. Dadurch sei die notwendige dynamische Anpassung der Zwischenziele, der Schwerpunkte, Mittel und Methoden der Inneren Führung an die entspannungs- und sicherheitspolitischen Prozesse behindert worden. Dies mache es ihm gelegentlich recht schwer - entgegen den offiziellen Verlautbarungen -, an eine Kontinuität zu glauben."*[109]

## 2.1 Kernbestand bzw. Kernforderung der Inneren Führung

Die „ZDv 2008" sichert den Kernbestand der Inneren Führung zwar als „unveränderbar" ab, beschreibt ihn dabei jedoch nicht.[110] Freudenberg stellt bezüglich des Kernbereiches der Inneren Führung fest, dass dieser, wie auch die variablen Bereiche der Inneren Führung, in der Literatur teilweise unterschiedlich definiert werde.[111] Eine Sichtung unterschiedlicher Beschreibungsversuche zeigt allerdings starke Parallelen. Die untersuchten Beiträge ähneln

---

[109] Claus von Rosen: Erfolg oder Scheitern der Inneren Führung aus Sicht von Wolf Graf von Baudissin; in: Schlaffer 2007, Seite 220

[110] „ZDv 2008/2017", Nummer 108

[111] Dirk Freudenberg: Auftragstaktik und Innere Führung, Miles-Verlag, 2014, Seite 36f
Eine Auswahl zur Beschreibung des Kernbereiches stellen die folgenden Beiträge dar:
Freudenberg selbst nähert sich dem Kernbereich an: „Der Begriff ‚Innere Führung' sperrt sich einer exakten Definition, da sie in erster Linie Praxis und nicht Theorie ist, die die Streitkräfte programmatisch auf die Gewährleistung der demokratischen Rechtsordnung in allen Bereichen militärischen Handelns verpflichtet." (Freudenberg 2014, Seite 16)
Wiesendahl zitiert Generalinspekteur Wolfgang Schneiderhan: „Die Anerkennung der Menschenwürde in den Streitkräften und der Erhalt der Bundeswehr als Parlamentsheer unter zivilem Oberbefehl stehen als Konstanten außer Debatte." (Wiesendahl 2007, Seite 16)
Von Bredow: Die Einbindung des Soldaten als Staatsbürger in die Gesellschaft, die Grundrechte und die Anwendung rechtsstaatlicher Prinzipien sowie das Menschenbild und die Werteordnung des Grundgesetztes bleiben die Richtschnur für die Gestaltung der deutschen Streitkräfte. (Bredow 2008, Seite 142)
Von Rosen lässt Baudissin sprechen: „Die ‚Grundlagen' und damit das, ‚was die Bundeswehr zu verteidigen hat', dürfen nicht dialektisch aufgeweicht werden; sprich: die freiheitlich-demokratische Grundordnung mit dem entsprechenden ethisch begründeten Menschen- und Gesellschaftsbild müsse als Grundlage für das Innere Gefüge der Streitkräfte erhalten bleiben." (Schlaffer 2007, Seite 224)

sich deutlich. An dieser Stelle wird der Kern der Inneren Führung beschrieben als: **„Die Gewährleistung freiheitlich, demokratischer Werte in und durch die Bundeswehr in Grundbetrieb sowie Einsatz".** Dabei bezieht sich die Gewährleistung keinesfalls auf ausschließlich innengerichtete Überlegungen und Handlungen. Es gilt, gerade auch im Außenhandeln freiheitlich, demokratische Werte als Richtschnur anzuerkennen und sich an diesen zu orientieren.

Freudenberg charakterisiert den Kernbestand als den Wesensgehalt, also die Inhalte, die nicht wegfallen dürften, ohne dass die Innere Führung in ihrer Grundsubstanz verändert würde.[112] Diese Charakterisierung ist einleuchtend. Militärisch gesprochen ist dies gewissermaßen das „Center of Gravity", also das „Zentrum der Karftentfaltung" aus dem die Innere Führung ihre Kraft schöpft, auf dem all ihre Ableitungen und Forderungen aufbauen.

Natürlich sind die freiheitlich, demokratischen Werte und deren Gewährleistung nichts, was ausschließlich für das Militär gilt bzw. nur hier Beachtung findet. Die Prinzipien gelten für alle Bereiche staatlichen Handelns. Damit sind sie nichts exklusiv Militärisches und schon lange nicht Ergebnis der Überlegungen zur Inneren Führung. Sie sind natürlich keine Erfindung Baudissins, sondern handfeste verfassungsrechtliche Vorgabe, welche genauso für das Verteidigungsministerium und die Streitkräfte, wie etwa das Innen- oder Justizressort verbindlich gelten. Die Innere Führung nimmt diese von außerhalb der Bundeswehr vorgegebenen Forderungen auf und übersetzt sie ins Militär. In diesem Sinne scheint es sich eher um eine Kernforderung, als einen Kernbestand zu handeln. Es besteht ein direkter Ableitungszusammenhang zwischen der Kernforderung der Inneren Führung und einer künftigen Kernfrage nach dem „gutes Dienen, wie?".

---

[112] Freudenberg 2014, Seite 36f

**Feststellung und Empfehlung für die Weiterentwicklung:**

➤ Der Kernbestand bzw. die Kernforderung der Inneren Führung ist unveränderlich. Sie wird hier verstanden als: „Freiheitlich, demokratische Werte in und durch die Bundeswehr in Grundbetrieb sowie Einsatz." (siehe I.3 sowie Anlage 2)

➤ Unveränderliche Kernbestände bzw. -forderungen scheinen ihrer „Benamung" nach wichtig zu sein. Sie sollten daher in künftigen Dokumenten zur Inneren Führung klar beschrieben werden und dürfen keinen Interpretationsspielraum lassen.

## 2.2 Ziel der Inneren Führung

*„Die einzig legitime Frage:*
*Wie kann die deutsche Bundeswehr in der Mitte des 20. Jahrhunderts zu einem Instrument von höchster Schlagkraft gestaltet werden?"* [113]

Mit der sehr eindeutigen Zielsetzung „höchste Schlagkraft" richtete das „Handbuch" die Innere Führung klar aus. So wird ihr Beitrag zur Gestaltung der Bundeswehr als Instrument der Politik für den Einsatz in Krise und Krieg beschrieben. Hartmann stellt heraus, dass „höchste Schlagkraft" jedoch kein Begriff sei, aus dem man Anforderungen an Streitkräfte und ihre Soldatinnen und Soldaten allgemeingültig ableiten könnte und so ändert sich auch das Verständnis von Schlagkraft in einem dynamischen Umfeld.[114]

Das heutige LIMO-Prinzip[115], als viergliedriges Ziel der Inneren Führung, stellt diesen „Einsatzbezug" nicht mehr oder zumindest nicht in aller Deutlichkeit her. Die derzeitige, nicht realistische Zielsetzung ist Grundlage für eine Fehleinschätzung und -bewertung der Inneren Führung. In der Folge

---

[113] Handbuch Innere Führung – Hilfen zur Klärung der Begriffe, 3. Auflage/1964, Seite 17
[114] Hartmann 2015/2, Seite 72f
[115] Legitimation, Integration, Motivation, Gestaltung der inneren Ordnung

sind die Erklärung der Inneren Führung und ihre Ableitungen für den militärischen Alltag in Grundbetrieb und Einsatz wenig hilfreich und oftmals nicht schlüssig.

Wenn es so wäre, dass Legitimation, Integration und Motivation als Ziele so grundsätzlich an die Innere Führung gebunden seien und diese, überspitzt gesagt, nur durch die Innere Führung bzw. innerhalb dieser erreicht werden könnten, stellt sich die Frage, was passieren würde, wenn die Innere Führung außer Kraft gesetzt und ihre Verbindlichkeit verlieren würde. Würde dies bedeuten, dass das Militär im Allgemeinen und sein Einsatz im Speziellen nicht mehr legitimiert werden müsste oder könnte? Bestünde somit keine Notwendigkeit mehr für eine Soll-Beschreibung des Verhältnisses zwischen Militär und Gesellschaft bzw. könnte diese nicht mehr gestaltet werden? Sollten und könnten Soldaten nicht mehr motiviert werden? Diese Fragen würden sich auch ohne Innere Führung stellen und sie würden auch außerhalb der Inneren Führung beantwortet werden. Dies ist ohnehin schon der Fall. Der Primat der Politik etwa ist keine Erfindung der Inneren Führung. Er würde auch ohne sie gelten. Die parlamentarische Opposition hinterfragt einen militärischen Einsatz nicht etwa, weil die Legitimation zum Ziel der Inneren Führung erklärt wurde. Sie tut dies, weil es ihre Aufgabe im politischen System ist. Soldaten werden nicht nur durch gute Führung, sondern beispielsweise auch durch verlässliche und verfügbare Ausrüstung oder etwa durch eine angemessene Besoldung motiviert. Beides fällt sicherlich nicht in den engeren Verantwortungsbereich der Inneren Führung. Sie sind vielmehr gute Beispiele für Anteile der „Äußeren Führung".

Es wird deutlich: Innere Führung erkennt Legitimation, Integration und Motivation als wesentliche Voraussetzungen für funktionsfähige Streitkräfte in der Demokratie an. Sie kann diese nicht im Alleingang sicherstellen, sondern lediglich wichtige Beiträge hierzu leisten und ein grundsätzliches Verständnis für diese grundlegenden Zusammenhänge vermitteln. [116]

---

[116] Dennoch gilt es festzuhalten, dass die einstmalige „Gruppe Baudissin" bzw. die „Unterabteilung Innere Führung" im Rahmen der Neukonzipierung deutscher Streitkräfte und der Aufstellung der Bundeswehr diesbzgl. natürlich wichtige Grundsatzarbeit leistete. Heute jedoch können die Wehrverfassung, der Grundsatz der zivilen Kontrolle der Streitkräfte, die

An Stelle des heutigen LIMO-Prinzips und in Rückbesinnung auf die einstige Schlagkraft sollte künftig der Beitrag der Inneren Führung für die **Einsatzbereitschaft und Einsetzbarkeit** der Bundeswehr als Ziel gesetzt werden. Mit Blick auf die Definition der Einsatzbereitschaft scheint der Mehrwert der Inneren Führung nicht gänzlich abgebildet zu sein.[117] Einsatzbereitschaft und Einsatzfähigkeit scheinen vor allem in den Bereich der „Äußeren Führung" zu fallen. In einem erweiterten Verständnis der Definition können sie insofern im Betrachtungswinkel der Inneren Führung liegen, als dass Einsatzbereitschaft auch die Bereitschaft der Soldaten beinhaltet, im Rahmen von Auslandseinsätzen Dienst zu leisten. Sie sind dazu motiviert und davon überzeugt. Die Grundlage der jeweiligen Motivation wird aber nicht näher erklärt. Nur, weil Soldaten bereit sind, im Auslandseinsatz verwendet zu werden, heißt das noch nicht, dass sie ihren Dienst auch zwingend in einem Sinne verrichten, wie es die entsendende Politik gutheißen kann und zumindest Teile der Gesellschaft mittragen werden. Kutz stellt hier fest: „Effizient sind nur Streitkräfte, die in sich militärisch funktionale Aufgaben [Äußere Führung] und **politische Zuverlässigkeit** [Innere Führung] vereinen."[118]

Das „Handbuch" führt aus: „Selbst guter Dienst für eine schlechte Sache gefährdet die Würde des Soldaten."[119] Hier setzt der mögliche Beitrag der Inneren Führung zur **Einsetzbarkeit der Bundeswehr** an. Einsetzbarkeit ist hier so zu verstehen, dass die Streitkräfte ihrem Wesen nach so aufgestellt und

---

Stellung des Verteidigungsausschusses oder etwa die Wehrbeauftrage des Deutschen Bundestages als fest etablierte Strukturen und Mechanismen angesehen werden.

[117] Die Konzeption der Bundeswehr definiert wie folgt:
Einsatzbereitschaft: Bewerteter Ist-Zustand der verfügbaren personellen und materiellen Ausstattung, der vorhandenen Infrastruktur und der gebilligten aufbau- und ablauforganisatorischen Strukturen zur Erfüllung zugewiesener Aufgaben/Aufträge. Das schließt die dafür notwendige Ausbildung ein. Einsatzbereitschaft setzt das Vorhandensein von Einsatzfähigkeit voraus.
Einsatzfähigkeit: Einsatzfähigkeit ist das Vermögen, mit den personellen, materiellen, infrastrukturellen, aufbau- und ablauforganisatorischen sowie betrieblichen Gegebenheiten (einschließlich Leistungen Dritter) einen Auftrag erfüllen zu können.
(Bundesministerium der Verteidigung: Konzeption der Bundeswehr, Juli 2018)
[118] Vgl. Kutz 2005, Abschnitt „4. Die Konzeption der Inneren Führung – Logikstrukturen von Begriffsclustern bei Baudissin"
[119] „Handbuch", Seite 42

geprägt sind, dass ihre Soldaten aus innerer Überzeugung im Sinne der Kernforderung der Inneren Führung - „freiheitlich, demokratische Werte in und durch die Bundeswehr" - auch unter sehr fordernden Bedingungen und lebensbedrohlichen Situationen wie Einsatz und Gefecht handeln. Streitkräfte sind somit aus Sicht von Politik und Gesellschaft „einsetzbar", wenn die vorgenannte Kernforderung auch unter Belastung und gegenüber anderen Akteuren inklusive gegnerischer Kräfte erfüllt wird. Die tatsächliche **geistig/sittliche Verfasstheit** richtet sich dabei konsequent an der Kernforderung aus.

Der besondere Stellenwert der Legitimation, der Integration und der Motivation darf natürlich nicht in Vergessenheit geraten. Innere Führung erfüllt hier vor allem die wichtige Funktion, Legitimation für das Militär im Allgemeinen und den konkreten Einsatz im Speziellen sowie die Integration der Bundeswehr in die Gesellschaft als grundlegende Notwendigkeit anzumahnen und stets einzufordern. Baudissin führte 1971 unter der Überschrift „Integration als Voraussetzung der Funktionstüchtigkeit" aus: „Wie schon erwähnt, beschäftigte von Beginn an die Frage nach einer politisch wie militärisch angemessenen Einordnung der Institution Bundeswehr, der Berufsgruppe Soldat, der einzelnen Angehörigen der Streitkräfte in Staat, Gesellschaft und Funktion. Falls diese gegen Geist und Buchstaben der Verfassung verstieße, würde die Bundeswehr zur Gefahr für die demokratische Entwicklung, der Soldat zum Randsiedler der Gesellschaft und die Sicherheit von innen gefährdet, ohne nach außen gesichert zu sein. Verstieße dies gegen die Funktionserfordernisse der Streitkräfte, würde die Bundeswehr zu einem kostspieligen, aber nutzlosen Apparat, [...]. Die Institution Bundeswehr ist zum ersten Mal in der deutschen Verfassungsgeschichte Teil der Exekutive. Der Oberbefehl wird als politische und nicht als fachliche Aufgabe gesehen. Die gesamte Amtsführung auch in diesem Ressort unterliegt parlamentarischer Kontrolle und öffentlicher Kritik. Jeder einzelne Vorgang ist gerichtlich überprüfbar. Die Bedeutung der Bundeswehr im Vergleich zu anderen Ressorts zeigt sich in besonderen Kontrollbefugnissen des Verteidigungsausschusses des Bundestages und in der Institution des Wehrbeauftragten als Hilfsorgan des Parlaments. Vom Standpunkt der Inneren Führung ist die eindeutige Normengebundenheit der Institution von grundsätzlichem Wert."[120]

Legitimation und Integration sind also Voraussetzungen für die Funktionstüchtigkeit der Bundeswehr als Streitkräfte in einer Demokratie. Innere Führung nimmt diese als wesentlich auf und orientiert sich daran. Das Ziel der Inneren Führung - einstmals Schlagkraft genannt – sollte künftig ihr Beitrag zur „Einsatzbereitschaft und Einsetzbarkeit" der Bundeswehr sein und anhand der zentralen Leitfrage: „Gutes Dienen, wie?" weiter operationalisiert werden. Die Leitfrage nach dem „Guten Dienen, wie?" bietet sich dabei für die Entwicklung einer neuen „Meistererzählung" der Inneren Führung an.[121]

> > > > > > > > > > > > > > > > > > > > > > > > > > > > > > > > > > > > > > > > > > > > > > > >

**Feststellung und Empfehlung für die Weiterentwicklung:**

- ➢ Künftige **Zielsetzung** der Inneren Führung: ihr Beitrag zu „Einsatzbereitschaft und Einsetzbarkeit" der Bundeswehr
- ➢ Künftige **Funktionen** der Inneren Führung: ihr Beitrag zu Legitimation, Integration und Motivation
- ➢ Durch diese klare Ziel- und Funktionssetzung wird ein belastbares Fundament für die schlüssige Erklärung der Inneren Führung und ihren Mehrwert auf taktischer, operativer und strategischer Ebene sowie das Beziehungsdreieck aus Gesellschaft - Militär - Politik gelegt

---

[120] Baudissin 1971, Seite 9ff

[121] Vgl. Sven Lange: Fit für das 21. Jahrhundert: Warum die Konzeption der Inneren Führung eine neue ‚Meistererzählung' benötigt; in: Hartmann 2020, Seite 31ff

## 2.3 Trends, Entwicklungen und ihre Wechselwirkungen mit der Inneren Führung

*„Die Konzeption der Inneren Führung ist im Hinblick auf die Veränderungen der militärischen Rahmenbedingungen und auf die Entwicklungen in Staat, Gesellschaft und Technik fortlaufend zu überprüfen und den Gegebenheiten anzupassen. [...] Wegen der Besonderheiten des militärischen Dienstes können Entwicklungen in der Gesellschaft nicht ohne sorgfältige Prüfung in die Bundeswehr übernommen werden. Andererseits sind die Erfordernisse des militärischen Dienstes kein Maßstab für die Gesellschaft. Die Streitkräfte müssen sich überzeugend gegenüber Politik und Öffentlichkeit darstellen und vertreten können. "* [122]

*„Die Denkmuster, die logische Struktur dieses Denkens [der Inneren Führung], sind geeignet, auch die Probleme der Gegenwart adäquat zu beschreiben und logisch korrekte Schlüsse für die militärische Praxis daraus zu ziehen. "* [123]

Schaut man sich die Weiterentwicklungsaussagen der Vorschriften und Dokumente zur Inneren Führung an, so stellen diese seit der „ZDv 1972" sehr prominent heraus, dass die Innere Führung stets vor dem Hintergrund politischer, gesellschaftlicher, technischer und militärischer Entwicklungen anzupassen sei. [124] Diverse Beiträge der „InFü-Community" nehmen diese Passagen oftmals im Wortlaut auf. Es kann fast der Eindruck entstehen, als müsse Innere Führung jedem Trend hinterherlaufen, um bloß nicht abgehangen zu werden und fit für die Zukunft zu sein. Dabei stellt sich natürlich die Frage, wie es dazu kommt, dass diese Notwendigkeit so deutlich herausgestellt wird und vor allem: Was bedeutet dies eigentlich?

---

[122] ZDv 10/1 – Innere Führung, Februar 1993, 6. Vorbemerkung sowie Nummer 110
[123] Vgl. Kutz 2005, Abschnitt „5. Die Anwendung der Logikmuster Baudissins auf die Gegenwart: Erste Überlegungen"
[124] Siehe Anlage 1/3 „Aussagen zur WE"

Die Eingangsgrößen der Inneren Führung sind ganz grundsätzliche Feststellungen oder besser Vorgaben aus Gesellschaft und Politik. Sie sind zusammengefasst in der Kernforderung der Inneren Führung: „Die Gewährleistung freiheitlich-demokratischer Werte in und durch die Bundeswehr in Grundbetrieb sowie Einsatz". Sie ist darüber hinaus nicht sonderlich stark an gesellschaftliche und politische Realitäten und tagesaktuelle Ereignisse gebunden bzw. von diesen abhängig. Das heißt auch, dass nicht jeder Trend und vermeintliche Umbruch zwingend die Innere Führung in Frage stellt und notwendigerweise zu ihrer mehr oder weniger tiefgreifenden Anpassung führen muss. Darüber hinaus nimmt Bonß Druck aus dem **gefühlten Anpassungsstress**, wenn er im Hinblick auf eine „Gesellschaft im Umbruch" feststellt, dass manches, was einst als „Umbruch" beschrieben, wenn nicht gar gefeiert worden ist, sich im Nachhinein als „Scheinumbruch" oder als bloße Realisierung zuvor angelegter Entwicklungen herausgestellt hat. So gesehen ist gegenüber der Rede von gesellschaftlichen Umbrüchen auch stets ein Mißtrauensverdacht geboten. Vor diesem Hintergrund werden selbst marginale bzw. konjunkturelle Veränderungen zu „Umbrüchen" stilisiert, die bei distanzierter Betrachtung keieswegs dieses Etikett erhalten müssen.[125] Es spricht also einiges dafür, Ruhe zu bewahren und vermeintlich tiefgreifende Entwicklungen gelassen zu erfassen, sie wirklich zu begreifen und keinesfalls in betriebsame Hektik zu verfallen. Im Hinblick auf die Innere Führung stellt Hartmann treffend fest: „Nachdenken über die Innere Führung und ihre Weiterentwicklung setzt eine gehörige Portion Demut und Respekt voraus. Denn es geht ja um die Überlieferung eines Erbes, das im Mittelpunkt der über 50-jährigen bundeswehreigenen Tradition steht. Wer also mit der Weiterentwicklung der Inneren Führung eine Abkehr von den Vätern der Inneren Führung um Wolf Graf von Baudissin oder zumindest eine Relativierung ihrer Grundsätze beabsichtigt, sollte gute Gründe ins Feld führen; denn „die Beweislast", so der Philosoph Odo Marquardt, „hat der Veränderer!".[126]

---

125 Wolfgang Bonß: Gesellschaft im Umbruch. Oder: Die Modernisierung moderner Gesellschaften; in: Wiesendahl 2007, Seite 86

126 Uwe Hartmann: Baudissin und die Weiterentwicklung der Inneren Führung; in: Staack 2011, Seite 43

Stark vereinfachend könnte man sagen, dass die Innere Führung seit eh und je fit für die „aktuelle Gesellschaft" und die damit verbundenen Lebensmodelle, Trends und Sichtweisen war und ist, solange sich diese im Rahmen der freiheitlich-demokratischen Grundordnung und dem damit verbundenen Gesellschaftsbild bewegen. Man könnte die Innere Führung in diesem Sinne als einen echten zeitlosen Klassiker bezeichnen, der aus seiner Grundanlage heraus stets fit für die Gegenwart und auch die Zukunft ist. Die Innere Führung, verstanden als Denk-, Urteils- und Handlungssystem, welches Maßstäbe für Führungsentscheidungen gibt, ist an und in sich bereits Hilfestellung für den Umgang mit gegenwärtigen und künftigen Entwicklungen. Die Himmeroder Denkschrift forderte, dass etwas grundlegend Neues zu schaffen sei. Dabei sei es wichtig gewesen, daß Geist und Grundsätze des inneren Neuaufbaues von vornherein auf lange Sicht festgelegt werden und über etwa notwendige Änderungen der Organisation ihre Gültigkeit behalten.[127] Kutz stellt treffend dar, „dass die Grundlage für die historische Ausformulierung [der Inneren Führung] stringente logische Analyseschemata sind, die vom historischen Kontext unabhängig auch in der Gegenwart gelten."[128]

Es stellen sich also **drei Prüffragen** bezüglich der Wechselwirkungen zwischen politischen, gesellschaftlichen, technischen oder etwa militärischen Entwicklungen einerseits und der Inneren Führung andererseits:

1.  Hat eine konkrete Entwicklung grundsätzliche Auswirkungen auf die Grundannahmen und Ableitungen der Inneren Führung und wenn ja, welche Anpassungsnotwendigkeiten ergeben sich daraus für die Innere Führung? Dabei sind die Chancen und Risiken der jeweiligen Entwicklung genau zu betrachten.

2.  Wie kann eine Entwicklung im Sinne der Inneren Führung genutzt werden und zur Umsetzung der Ableitungen der Inneren Führung beitragen bzw. diese unterstützen?

---

[127] Aus der Himmeroder Dennkschrift; zitiert in: Kai Uwe Bormann: Die Erziehung des Soldaten: Herzstück der Inneren Führung; in: Schlaffer 2007, Seite 111
[128] Vgl. Kutz 2005, Abschnitt „2. Die militärischen Reaktionsmuster"

3. Wie kann Innere Führung helfen, mit einer konkreten Entwicklung, welche nicht zu einer Anpassungsnotwendigkeit der Inneren Führung selbst führt, umzugehen?

Im Folgenden sollen die Wechselwirkungen zur Inneren Führung an Beispielen aus den Bereichen Gesellschaft, Technik, Politik und Wissenschaft in aller Kürze dargestellt werden.[129]

Das „zukunftsInstitut" nennt die **Individualisierung** als einen der zwölf gegenwärtigen Megatrends.[130] Dabei wird sie als das zentrale Kulturprinzip der westlichen Welt beschrieben. Sie ist Basis unserer Gesellschaftsstrukturen geworden und kodiert die Gesellschaft um: Der Megatrend der Individualisierung berührt Wertesysteme und Alltagskultur gleichermaßen.[131] Eine Folge der zunehmenden Individualisierung ist die schwindende Bindung an bestimmte Werte und Gemeinschaften. In einer sehr starken Ausprägung kann sie zu völliger Ich-Bezogenheit und Egoismus führen. Andererseits kann sie auch das Bewusstsein für die individuellen Stärken und Vorlieben fördern. Wiesendahl beschreibt die gesellschaftliche Entwicklung wie folgt: „Befördert durch die Verbreitung des Medienzeitalters und den allgemeinen Wohlstandszuwachs hat sich über die Jahre eine individualisierte Konsumgesellschaft etabliert, in der materialistische Bedürfnisse orientierungsbestimmend wurden. Gleichzeitig ließ der in den 1960ern einsetzende, langanhaltende Wertewandel hergebrachte Pflicht-, Ordnungs- und Anpassungswerte verblassen.

---

[129] Die Betrachtung einer militärischen bzw. sicherheitspolitischen Entwicklung erfolgt im nächsten Abschnitt II.4 „Kriegsbild".

[130] Es wird auf den Internetauftritt des zukunftsInstituts (Frankfurt am Main, gegründet 1998) hingewiesen: www.zukunftsinstitut.de/dossier/megatrends/ (Abrufdatum: 19.02.2021)
Die vier zentralen Merkmale von Megatrends sind:
- Dauer: Halbwertzeit mindestens 50 Jahre
- Ubiquität: betrifft alle Lebensbereiche
- Globalität: weltweite Phänomene
- Komplexität: mehrschichtig und -dimensional

[131] Vgl. ebenda

An deren Stelle traten individualistische Selbstentfaltungs- und Selbstverwirklichungswerte. Der Trend zur Freizeit- und Erlebnisgesellschaft unterstützte diese Entwicklung nachhaltig."[132]

Paragraph 12 des Soldatengesetzes führt aus, dass der Zusammenhalt der Truppe auf **Kameradschaft** beruht. Alle Dokumente und Vorschriften zur Inneren Führung führen zum besonderen Stellenwert der Kameradschaft aus. So nennt das „Handbuch" die Kameradschaft auf 14 Seiten. Die „ZDv 2017" führt in Nummer 507 unter dem soldatischen Wertekanon aus, dass die Soldatinnen und Soldaten der Bundeswehr kameradschaftlich und fürsorglich sind.

Der gesellschaftliche Megatrend der Individualisierung und die Kameradschaft als ein wesentliches Prinzip der Inneren Führung treten also in ein Spannungsverhältnis.

Ist nun also das Prinzip der Kameradschaft auf Grund des gesellschaftlichen Megatrends der Individualisierung in Frage zu stellen bzw. verliert es an Gültigkeit und macht somit eine entsprechende Anpassung der Inneren Führung notwendig (Prüffrage 1)? Oder kann die Individualisierung etwa im Sinne der Inneren Führung genutzt werden (Prüffrage 2)? Während Kameradschaft an dieser Stelle als unumstößliches Prinzip innerhalb des Militärs bewertet wird, ist es durchaus denkbar, dass die positiven Effekte der Individualisierung - Bewusstsein für die individuellen Stärken und Vorlieben - durchaus Beachtung finden sollten. Es ergibt sich hieraus allerdings keine grundsätzliche Anpassungsnotwendigkeit für die Innere Führung. Vielmehr wird festgestellt, dass das „Handbuch" bereits in den 50er/60er Jahren den Stellenwert der Individualisierung in modernen Gesellschaften deutlich erkennt, diesen beschreibt und Ableitungen für das Militär entwickelt.[133] In Bezug auf Prüffrage 3 kann nun festgestellt werden, dass Innere Führung im Rahmen ihrer beiden (künftigen) Gestaltungsfelder „geistige Rüstung durch Bildung" und „Mitei-

---

[132] Wiesendahl: Was bleibt und was sich ändern muss an einer Inneren Führung für das 21. Jahrhundert; in: Wiesendahl 2007, Seite 158

[133] „Handbuch", insbesondere im Unterkapitel „Soldat in unserer sozialen Wirklichkeit", Seite 25ff

nander und zeitgemäße Menschenführung" dahingehend gefordert ist, vor allem bei neuen Angehörigen der Bundeswehr ein Bewusstsein für die Notwendigkeit und den konkreten Mehrwert der Kameradschaft zu wecken und zu erhalten. Dieses gilt umso mehr, wenn der Einzelne bisher ein eher egozentrisch ausgeprägtes Leben geführt hat.

Als den wirkmächtigsten Megatrend unserer Zeit bewertet das „zukunftsInstitut" die **Konnektivität**. Das Prinzip der Vernetzung dominiert den gesellschaftlichen Wandel und eröffnet ein neues Kapitel in der Evolution der Gesellschaft. Digitale Kommunikationstechnologien verändern das Leben grundlegend, reprogrammieren soziokulturelle Codes und lassen neue Lebensstile und Verhaltensmuster entstehen.[134] Für das Militär bedeutet die Digitalisierung unter anderem eine Entwicklung hin zum „gläsernen Gefecht". Die technischen Möglichkeiten erlauben es, dass räumlich weit entfernte, höhere Führungsebenen quasi in Echtzeit über Lagebildinformationen von der untersten taktischen Ebene verfügen.

Gemäß der gültigen „Konzeption der Bundeswehr" ist das „Führen mit Auftrag" das herausragende und grundlegende Prinzip des Führungsverständnisses der Bundeswehr.[135] Die „ZDv 2017" betont in Nummer 403, dass Vorgesetzte, Soldatinnen und Soldaten das Prinzip „Führen mit Auftrag" anwenden. Die aktuelle Bereichsvorschrift „Truppenführung" beinhaltet ein eigenes Unterkapitel „Führen mit Auftrag" und erläutert darin das Prinzip durchaus detailliert. Es ist untrennbar mit der Konzeption der Inneren Führung verbunden. Unabhängig davon erzwingt das dynamische und komplexe Einsatzumfeld in Landoperationen das „Führen mit Auftrag".[136] Entstanden ist die-

---

[134] Internetauftritt des zukunftsInstituts (siehe Fussnote 118)

[135] Vgl. KdB 2018, Seite 15

Die KdB 2018 stellt interessanterweise deutlich heraus, dass das Führen mit Auftrag nicht allein ein Grundsatz für den Einsatz von Streitkräften sei. Dieses gemeinsame Führungsverständnis wird vielmehr über alle Ebenen und in allen Organisationsbereichen der Bundeswehr entwickelt, um die bundeswehrgemeinsame Verantwortung für die Auftragserfüllung nachhaltig zu stärken. (KdB 2018, Seite 16)

[136] Kommando Heer C1-160/0-1001 „Truppenführung" (vormals HDv 100/100) vom 12.10.2017, Abschnitt 6.1

ses Führungsprinzip auf Grund der Tatsache, dass eine übergeordnete Führungsebene im laufenden Gefecht oftmals nicht über alle Lageinformationen verfügt hat. Bereits Clausewitz hat hier den Begriff „vom Nebel des Krieges" geprägt. Er führte dazu u.a. aus: „Ein großer Teil der Nachrichten, die man im Kriege bekommt, ist widersprechend, ein noch größerer ist falsch und bei weitem der größte einer ziemlichen Ungewißheit unterworfen."[137] Auf Grund der steten Ungewissheit ist das Führen mit Auftrag somit in gewisser Weise aus der Not heraus geboren. Wenn es nun aber durch die fortschreitende Digitalisierung zu einer weitgehenden Aufhebung der Ungewissheit für höhere Führungsebenen kommt, könnte man sich nun die Frage stellen, ob überhaupt noch die Notwendigkeit zum „Führen mit Auftrag" besteht (Prüffrage 1).

Hierzu soll in aller Kürze ausgeführt werden. Bei aller Euphorie über die scheinbar grenzenlosen Möglichkeiten der Digitalisierung dürfen nicht die mit ihr verbundenen Risiken und Herausforderungen außer Acht gelassen werden. So führt Ungerer beispielsweise an, dass sich das Führen in elektronisch vernetzten Gefechtsszenarien zu einem neuen Belastungsfeld mit einer besonderen Distressgenerierung entwickelt. So sorgt die hohe Informationsdichte pro Zeiteinheit für Dauerbeanspruchung. Schlussendlich werden die Führer von der Lage beherrscht, sie beherrschen nicht mehr die Lage.[138]

Da digitale Technik durchaus störanfällig und stark energieabhängig ist, wird das Militär bis auf Weiteres auf Führungsverfahren angewiesen sein, welche auch ohne Rückgriff auf Technologie funktionieren, um führungs- und somit handlungsfähig zu bleiben. Dies gilt insbesondere für den Einsatz unter herausfordernden Rahmenbedingungen für Personal und Material. Hierbei hat das Prinzip des „Führens mit Auftrag" nach wie vor eine besondere Bedeutung.[139]

---

[137] Carl von Clausewitz: Vom Kriege - Erster Teil, Erstes Buch, 6. Kapitel „Nachrichte im Kriege"
[138] Vgl. Ungerer 2003, Seite 129f
[139] Die eigene Einsatzerfahrung hat im Übrigen bewiesen, dass die „militärische Weisheit: nichts kann den Blick ins Gelände ersetzen" voll und ganz zutrifft.

Im Hinblick auf Prüffrage 2 - kann die Entwicklung im Sinne der Inneren Führung genutzt werden? - bleibt sicherlich nur ein klares „Ja" als Antwort. So bieten natürlich eine Vielzahl von Applikationen insbesondere im Bildungszusammenhang bis dato nie dagewesene Möglichkeiten. Diese sollten in jedem Falle genutzt werden, um die Umsetzung der Inneren Führung in der Bundeswehr konsequent zu optimieren und sie auch hier fit für das 21. Jahrhundert zu machen. Es besteht jedoch die Gefahr, dass vor lauter Digitalbegeisterung vergessen wird, dass entsprechende Technologie nicht zum Selbstzweck werden darf. Sie kann und soll unterstützen, ohne dabei jedoch das, was sie unterstützen soll, aus dem Fokus zu drängen.

Digitalisierung wird nicht nur durch die Bundeswehr genutzt, sondern auch gegen sie. Dies trifft gleichermaßen für die Politik zu. Ferner wird sie zur gezielten Beeinflussung der Gesellschaft genutzt. Das Weissbuch 2016 führt deutlich aus: „Eine besondere Herausforderung für offene und pluralistische Gesellschaften ist die Nutzung der digitalen Kommunikation zur Beeinflussung der öffentlichen Meinung – angefangen mit der unerkannten, gezielten Steuerung von Diskussionen in sozialen Netzwerken bis hin zur Manipulation von Information auf Nachrichtenportalen. Bereits jetzt kommt diesem Vorgehen als Element hybrider Kriegführung zentrale Bedeutung zu."[140]

Zwar kein Megatrend, aber doch eine ernst zu nehmende Entwicklung, stellen sicherlich die Zunahme von **politischem und religiösem Extremismus** sowie ein wieder stärker ausgeprägter Nationalismus dar. Allein ein Blick auf die politische Landkarte Europas zeigt, dass stark konservative, nationalistische bis offen rechte Parteien Einzug in die Parlamente finden und wie demokratisch-freiheitliche Werte zunehmend in Frage gestellt werden. Zur Verbreitung entsprechender Positionen und Beeinflussung von Meinung wird dabei konsequent auf Möglichkeiten der Digitalisierung zurückgegriffen. Mit Blick auf die Innere Führung liegt ein völliger Widerspruch zu ihrer Kernforderung offen auf der Hand. Eine Beantwortung nach Prüffrage 1 und 2 kann hier sicherlich kurz und knapp erfolgen: „Nein".

---

[140] Weissbuch 2016, Seite 37

Sicherlich kommt der Inneren Führung im Rahmen der „Vermittlung geistigen Rüstzeuges" durch politische, historische, rechtliche und ethische Bildung sowie aber auch unter dem „Miteinander und der zeitgemäßen Menschenführung" eine bedeutende Rolle zu, um entsprechenden Entwicklungen entschieden entgegen zu treten (Prüffrage 3). Dies ist nun wirklich keine neue Erkenntnis, aber insbesondere vor dem Hintergrund wiederkehrender Berichterstattungen über Vorfälle mit Bezug zu „rechter Gesinnung in der Truppe" darf sie keinesfalls in Vergessenheit geraten. Vielmehr darf es auch nicht bei der Erkenntnis bleiben. Es gilt im Sinne der Inneren Führung aktiv zu sein und zu bleiben.

Als weiteren Megatrend nennt das „zukunftsInstitut" die **Wissenskultur**. Sie wirkt ungebrochen, und insbesondere im Zusammenspiel mit dem Megatrend Konnektivität verändert sie unser Wissen über die Welt und die Art und Weise, wie wir mit Informationen umgehen. In dezentralen Strukturen werden enorme Mengen an Wissen generiert, es entstehen neue Formen der Innovation und des gemeinsamen Forschens. Wissen verliert seinen elitären Charakter und wird zunehmend zum Gemeingut.[141]

Seit eh und je besteht zwischen der Inneren Führung und der Wissenschaft eine enge Verbindung. Vor allem die Geistes- und Sozial- als auch die Erziehungswissenschaften spielen hierbei eine herausgehobene Rolle. Sie haben mit ihren Erkenntnissen und unter Einbeziehung entsprechender Experten maßgeblich zur Entwicklung der Inneren Führung beigetragen.[142] Innere Führung und eine kritisch, sachliche Auseinandersetzung sind untrennbar miteinander verbunden. Das Jahrbuch Innere Führung 2013 steht ganz im

---

[141] Internetauftritt des zukunftsInstituts (Frankfurt am Main): www.zukunftsinstitut.de/dossier/megatrends/ (Abrufdatum: 19.02.2021)

[142] Baudissin wurde nach seinem Ausscheiden aus der Bundeswehr zum Gründungsdirektor des Friedensforschungsinstituts an der Universität Hamburg. So forderte er für das Institut, dass es praxisorientiert sein solle und darüber hinaus: „Der Zweck der Forschung ist nicht die Beseitigung der Konflikte, das wäre illusionär, sondern ihre Versachlichung, die gleichzeitig Humanisierung bedeutet, und vor allem ihr Austrag mit einem Minimum an Gewaltanwendung. Für dieses Ziel gilt es, Modell, Strategien, Strukturen und Verfahrensweisen zu entwickeln." (Vgl. Internetauftritt des Instituts für Friedensforschung und Sicherheitspolitik an der Universität Hamburg: www.ifsh.de/news-detail/wie-wir-wurden-was-wir-sind-50-jahre-ifsh (Abrufdatum: 20.02.2021))

Zeichen der Wissenschaft.[143] So beschreibt von Rosen den Ansatz der „Gruppe Innere Führung des BMVg" unter Leitung Baudissins als grundlegend von pädagogisch-psychologischen, politologischen und sozialwissenschaftlichen sowie von betriebs- und organisationswissenschaftlichen Aspekten bestimmt. „Wissenschaft" spiegelt sich daher - dem praxisorientierten Ansatz der Gruppe Baudissin entsprechend - in Form von akademischem Denken und Handeln in den Streitkräften wider.[144]

Unter Wissenschaft muss eine Vielzahl verschiedener Disziplinen und eine noch größere Bandbreite sich zum Teil widersprechender Erkenntnisse verstanden werden. Eine Beantwortung der Prüffrage 1 muss also stets in Bezug zu einer konkreten wissenschaftlichen Erkenntnis erfolgen. Diese sollte dabei natürlich den Ansprüchen wissenschaftlichen Arbeitens genügen.

Bonß führt aus, dass mit der „Verwissenschaftlichung der Gesellschaft" eine „Entzauberung der Experten" einhergehe: „Wenn jede gesellschaftlich relevante Gruppe von Parteien über Verbände bis hin zu Bürgerinitiativen über eigene ‚Hauswissenschaftler' verfügen, die anlaß- und interessenbezogen produzieren und sich öffentlich bis hin in Talk-Shows streiten, dann haben wissenschaftliche Argumentationen nur noch begrenzt jene Exklusivität, wie sie in Gestalt akademischer Einrichtungen früher auch institutionell repräsentiert waren. Zugleich wird deutlich, dass wissenschaftliche Argumentationen nicht eindeutig und unbestreitbar sind, sondern vorläufig und bedingt. Zu jeder Expertise gibt es eine Gegenexpertise, und diese Erfahrung trägt nicht unbedingt zu einer Erhöhung der Autorität und Glaubwürdigkeit der Experten bei."[145] In diesem Zusammenhang sind sicherlich Thinktanks, welche durch die Erforschung, Entwicklung und Bewertung von politischen, sozialen und

---

143 Uwe Hartmann und Claus von Rosen (Hrsg.): Jahrbuch Innere Führung 2013 – Wissenschaft und ihre Relevanz für die Bundeswehr als Armee im Einsatz, Miles-Verlag, 2013 (Hartmann 2013)

144 Claus von Rosen: Wissenschaft und militärische Führung in Baudissins Konzeption Innere Führung; in: Hartmann 2013, Seite 82

145 Wolfgang Bonß: Gesellschaft im Umbruch. Oder: Die Modernisierung moderner Gesellschaften; in: Wiesendahl 2007, Seite 95

wirtschaftlichen Konzepten und Strategien Einfluss auf die öffentliche Meinungsbildung nehmen, zu nennen.[146] Auch Scheinwissenschaften, welche in ihrer Gedankenführung nicht den Ansprüchen der Wissenschaftlichkeit entsprechen, beeinflussen vor allem in Zeiten der allgegenwärtigen Digitalisierung zumindest in Teilen die öffentliche Meinung.[147] Unter diesen Vorzeichen braucht es die Fähigkeit zum kritisch, distanzierten Denken und Hinterfragen auf Grundlage einer soliden Bildung mehr denn je. Dass Innere Führung hier in besonderem Maße zum Tragen kommt, muss sicherlich nicht weiter ausgeführt werden.

Besonders brisant kann es im Zusammenspiel der vier, beispielhaft dargestellten Entwicklungen und Megatrends werden. Neue Bedrohungen durch „politischen und religiösen Extremismus" unter Nutzung der Möglichkeiten der Digitalisierung zur Verbreitung vermeintlich wissenschaftlicher Erkenntnisse und dies in Zeiten einer Gesellschaft, welche durch eine starke Individualisierung geprägt ist, müssen verstanden und besonders ernst genommen werden.[148] Es sind wirksame Gegenmaßnahmen zu entwickeln oder bereits vorhandene Gegenmittel erinnert werden. Mit der Inneren Führung verfügt die Bundeswehr bereits über ein sehr wirkungsvolles Gegenmittel.

Das **Postulat der steten Weiterentwicklung** der Inneren Führung vor dem Hintergrund gesellschaftlicher, technischer, politischer und wissenschaftlicher Entwicklungen wird hier vor allem so verstanden, dass diese nicht zu einer inhaltlichen Abänderung der Inneren Führung, sondern vor allem zu einer optimierten Umsetzung und Vermittlung ihrer Grundannahmen und Ableitungen beitragen.

Mit der Inneren Führung wurde bereits in den 1950er Jahren ein modernes und komplexes Denk-, Urteils- und Handlungssystem entwickelt, welches seiner Zeit weit voraus war. Baudissin erinnert sich im Jahre 1971: „Der Entwurf

---

[146] Vgl. Artikel „Denkfabrik" in der deutschsprachigen Wikipedia (Abrufdatum: 20.02.2021)
[147] So zeigt vor allem die Coronakrise in ihren Auswirkungen auf das gesellschaftliche Miteinander, dass Meinungsmache und Verschwörungstheorie äußerst ernst zu nehmende Sachverhalte sind.
[148] Einen besonders interessanten Beitrag liefern hier bspw. Christian Fuchs und Paul Middelhoff mit ihrem Buch „Das Netzwerk der Neuen Rechten - wer sie lenkt, wer sie finanziert und wie sie die Gesellschaft verändern.", rowohlt POLARIS, 3. Auflage 2019

des neuen Modells gründete sich auf unserer Überzeugung, daß der weltweite Wandlungsprozeß aller Lebensbedingungen noch nicht am Ende sei, vielmehr an Radikalität und Tempo eher noch gewinnen werde. Vorgreifen schien daher sachgerechter als ängstliches Bewahren. Es war davon auszugehen, daß die generelle Grundsatzkrise auch die überkommenen Vorstellungen von Sicherheit und Sicherheitspolitik, von Strategien und Streitkräften, von Funktion, Selbstverständnis, Funktionsweisen und Umweltbeziehungen des Soldaten in Frage gestellt habe. Die Analyse bestätigte diese Erwartungen im Einzelnen."[149] Dies wird vor allem auch deutlich, wenn man seine Aussagen zur **zeitgemäßen Menschenführung** betrachtet. Verglichen mit heutigen, studienbasierten Erkenntnissen und in zahlreichen Vorträgen empfohlenen Führungsprinzipien ist eine hohe Deckungsgleichheit zu den Aussagen und Forderungen der Inneren Führung festzustellen. Dies gilt vor allem auch für das **„Führen im digitalen Zeitalter"**. Beispielhaft seien hier die Handlungsempfehlungen des Instituts für Führungskultur im digitalen Zeitalter genannt: „Werden Sie Mensch(enkenner) – Zu den Top-Führungskompetenzen im digitalen Zeitalter gehört die Wertschätzung/Mitarbeiterorientierung. Im Mittelpunkt der digitalen Transformation steht nicht nur die Technologie, sondern vor allem der Mensch. [...] Schaffen Sie eine Wertschätzungskultur. Machen Sie sich vertraut mit wesentlichen Grundlagen, Regeln und Tools der Wertschätzung wie z.B. Aktives Zuhören, Respekt, authentisches Lob und Anerkennung, Ehrlichkeit, gewaltfreie Kommunikation und auch positive Leadership. Achten Sie vor allem darauf, die Bedürfnisse ihrer Mitarbeiter zu erkennen und zu verstehen. Die Bedürfnisse eines Menschen determinieren sehr stark sein Verhalten. Jedes menschliche Verhalten wird durch Bedürfnisse motiviert. Kennen und respektieren Sie die Bedürfnisse von Personen, können Sie viel effektiver auf deren Verhalten einwirken und somit wirksamer und nachhaltiger führen."[150] Den überzeugten „Inneren Führer" werden

---

149 Baudissin 1971, Seite 4
150 Institut für Führungskultur im digitalen Zeitalter, Frankfurt am Main: Handlungsempfehlungen zur Meta-Studie 2019 „Führungskompetenzen im digitalen Zeitalter"

diese top-aktuellen, wissenschaftlich begründeten Empfehlungen nicht wirklich überraschen.[151]

---

**Feststellung und Empfehlung für die Weiterentwicklung:**

➤ Bevor gesellschaftliche, technologische, politische oder wissenschaftliche Trends und Entwicklungen im Rahmen der Weiterentwicklung der Inneren Führung wirksam werden, sollten diese sachlich, kritisch in ihren Wechselwirkungen zur Inneren Führung hinterfragt werden. Hierzu werden drei Prüffragen empfohlen:

1. Hat eine konkrete Entwicklung grundsätzliche Auswirkungen auf die Grundannahmen und Ableitungen der Inneren Führung und wenn ja, welche Anpassungsnotwendigkeiten ergeben sich daraus für die Innere Führung?

2. Wie kann eine Entwicklung im Sinne der Inneren Führung genutzt werden und zur Umsetzung der Ableitungen der Inneren Führung beitragen bzw. diese unterstützen?

3. Wie kann Innere Führung helfen, mit einer konkreten Entwicklung, welche nicht zu einer Anpassungsnotwendigkeit der Inneren Führung selbst führt, umzugehen?

➤ Dazu ist es natürlich zunächst einmal notwendig, ein gemeinsames Verständnis von Innerer Führung zu entwickeln, bevor man in eine betriebsame Optimierungshektik verfällt.

➤ Die Weiterentwicklungsforderung nach der Beachtung entsprechender Entwicklungen wird hier vor allem so verstanden, als dass sie im Rahmen der optimierten Umsetzung der Inneren Führung, weniger zu ihrer inhaltlichen Abänderung beitragen soll.

---

[151] Unvergessen ist ein Vortrag im Rahmen des eigenen Generalstabsdienstlehrgangs an der Führungsakademie der Bundeswehr. So führte eine Professorin der Universität der Bundeswehr München im Rahmen einer Seminarwoche zum Prozessmanagement aus, dass „die Bundeswehr" mit der Frage, wie Prozessmanagement denn eigentlich funktioniere, an sie herangetreten sei. Daraufhin fragte sie sich, was denn wohl mit dem Militär los sei? Warum fragt das Militär sie, wie Prozessmanagement funktioniere, schließlich sei dies doch auf einstmalig militärisches Denken und Analysieren von komplexen Sachverhalten zurückzuführen.

## 2.4 Kriegsbild – vom „permanenten Bürgerkrieg" zu „hybriden Bedrohungen"

*„So bekannte er sich gleich eingangs zu einem sehr politischen Verständnis des Krieges, indem er seine Epoche unter das prägende Vorzeichen ‚permanenter Bürgerkrieg' stellte, der ‚keine räumlichen, zeitlichen oder sachlichen Grenzen' kenne, der in einer ‚Welt der aufgeklafften, begrifflichen, staatlichen, politischen und taktischen Fronten' ausgefochten werde und bei dem das ‚moderne Gefecht, auf das hin nun einmal der Soldat erzogen und ausgebildet werden muß' nur einen - obschon sehr bedeutsamen - Ausschnitt bildete."[152]*

Von Rosen stellt fest, dass Reflektionen über das Kriegsbild und dessen Bedeutung für die Innere Führung bis in die Ebene der Strategie hinein, wie dies im „Handbuch" noch selbstverständlich war, in der „ZDv 2008" fehlen. Hartmann führt aus, dass Reformer die unmittelbare Kopplung [der Inneren Führung] an das Kriegsbild verdrängten und sie die Innere Führung vor allem in den 70er und 80er Jahren zunehmend auf **gesellschaftliche Integration und Demokratiekompabilität als Selbstzweck** verkürzten.[153] Hierin liegt sicherlich auch die aktuelle, bereits ausführlich dargestellte „Zielfehlzuweisung" für die Innere Führung zumindest in Teilen begründet.

Um Innere Führung jedoch im engeren Sinne mit Leben füllen zu können, muss man sie in ihrem Gesamtzusammenhang betrachten und begreifen. Wie im Abschnitt I.3 ausgeführt wurde, bilden Gesellschaft und Politik einerseits sowie das angenommene Kriegsbild andererseits den Rahmen zur Einordnung und Ausgestaltung der Inneren, aber auch der Äußeren Führung. Sie sind eng miteinander verzahnt und sind aufeinander angewiesen.[154] Das

---

[152] Frank Nägler über Baudissins Kriegsbild in: Zur Ambivalenz der Atomwaffe im Blick auf Baudissins frühe Konzeption der Inneren Führung; in: Schlaffer 2007, Seite 155

[153] Vgl. Claus von Rosen: Kriegsbild und Strategie und Innere Führung; in: Hartmann 2020, Seite 73
Vgl. Hartmann 2015/2, Seite 87
Neben den beiden genannten Beiträgen wird im Zusammenhang mit dem Kriegsbild der Inneren Führung auf den Beitrag Claus von Rosen: Die Entwicklung des Kriegsbildes im Zeichen neuer und hybrider Kriege; in: Hartmann 2015/1, Seite 25ff verwiesen.

[154] Siehe auch Anlage 2

„Handbuch" führt aus, dass die Lösung der „äußeren" Führungsaufgabe zugleich eine Frage der inneren Führung sei.[155]

So stellt das Kriegsbild den Handlungsrahmen dar für die langfristigen wie die akuten Entscheidungen in Form von politischer und politisch-militärischer Strategie. Auf ihm fußen die Vorbereitungen in der Ausrüstung, Organisation und Ausbildung für die zivilen und militärischen Operationen sowie militärisch auch für die Taktik bis hin zu den entsprechenden Vorschriften u.ä. zu Einsatzgrundsätzen und Führung.[156] Von Rosen resümiert jedoch, dass die Stimmen gegen die Innere Führung bzw. für eine klare Trennung von der äußeren Führung seit 70 Jahren nicht verstummen.[157] Offensichtlich konnte noch nicht verdeutlicht werden, warum **Kriegsbild, Innere und Äußere Führung eine untrennbare Verbindung** bilden und eben diese Verbindung tatsächlich einen Mehrwert für die Bundeswehr als Militär in der Demokratie bildet. Die aktuelle „ZDv 2008/2017" bietet hier keine Abhilfe. Ihr versuchter Einsatzbezug ist alles andere als eine nachvollziehbare und schlüssige Erklärung des Dreiecks aus Kriegsbild, Innerer und Äußerer Führung. Doch was genau ist eigentlich unter einem Kriegsbild zu verstehen und warum ist dieses notwendig? Von Rosen bezieht sich bei seinen Ausführungen zum Kriegsbild der Inneren Führung auf eine Definition Reichenbergers: „Ein Kriegsbild bezeichnet eine Grundvorstellung vom Wesen eines zukünftig möglichen Krieges, d.h. von dessen Erscheinungsformen sowie den Zwecken, den Möglichkeiten, den Mitteln, der Ausdehnung, der Intensität und den Auswirkungen der Kriegführung."[158] Dabei ist Krieg aber nicht nur militärtechnisches-strategisches Denken und Handeln und auch nicht bloß auf

---

[155] Vgl. „Handbuch", Seite 171

[156] Vgl. Claus von Rosen: Die Entwicklung des Kriegsbildes im Zeichen neuer und hybrider Kriege; in: Hartmann 2015/1, Seite 48

[157] Claus von Rosen: Kriegsbild und Strategie und Innere Führung; in: Hartmann 2020, Seite 74

[158] Ebenda, Seite 59.

In seinem Beitrag zum Jahrbuch Innere Führung 2015 führt von Rosen sehr interessant zur Entwicklung des Kriegsbildes in der bundesrepublikanischen Sicherheits- und Verteidigungspolitik seit 1950 aus. Dabei stellt er fest, dass die militärpolitischen Dokumente oftmals eher ein „Gesamt-Lagebild" darstellen und nicht den umfassenden Ansprüchen eines „Kriegsbildes" gerecht werden.

den reinen Waffengang einzugrenzen, sondern wirkt sich auf alle Lebensgebiete aus.[159] Ferner ist das Kriegsbild einem ständigen Wandel unterworfen und es bedarf einer fortwährenden Überprüfung und Überarbeitung.[160] „Erst aus einem wirklichkeitsnahen Kriegsbild lassen sich die Probleme ableiten, vor die Staat, Volk, Wirtschaft, militärische Führung und der einzelne im Kriegsfall gestellt werden."[161] Somit bietet das analytisch hergeleitete Kriegsbild unter Einbeziehung wissenschaftlicher Methoden und verschiedener Expertisen einen notwendigen und umfassenden Problemaufriss als Grundlage aller sicherheits- und verteidigungspolitischen Planungen einerseits, andererseits aber auch des individuellen Handelns auf allen Ebenen von der strategischen über die operative bis hin zur taktischen.[162] Allerdings, so von Rosen, wurde der Begriff Kriegsbild bisher zumindest von der politisch-strategisch verantwortlichen Community wie von den Streitkräften als taktisch-operative Organisation weitgehend gemieden. Damit haben sich die offiziellen Sachwalter für die Themen Sicherheit, Frieden und Krieg der Möglichkeit begeben, Kriegsbild als hermeneutische Kategorie für ihre suchende, planerische, erklärende und bewertende Arbeit an sicherheitspolitischen Fragen zu nutzen.[163] Auch in Bezug auf die Betrachtung und Fortschreibung der Inneren Führung scheint das Kriegsbild als wichtige Eingangsgröße und Bezugsrahmen in Vergessenheit geraten zu sein. Somit darf es nicht verwundern, dass die (Einsatz-)Bewährung der Inneren Führung in den Ausführungen der „ZDv 2008/2017" nicht überzeugt.

Baudissin hat sich intensiv mit dem Kriegsbild beschäftigt, ein eigenes klares, konkretes und differenziertes entwickelt und dieses öffentlich vertreten.[164]

---

159 Vgl. ebenda, Seite 63
160 Claus von Rosen: Die Entwicklung des Kriegsbildes im Zeichen neuer und hybrider Kriege; in: Hartmann 2015/1, Seite 47
161 Zitat Baudissins in: Claus von Rosen: Die Entwicklung des Kriegsbildes im Zeichen neuer und hybrider Kriege; in: Hartmann 2015/1, Seite 35
162 Einen Beitrag liefert hier u.a. Olaf Theiler: Angebot an die Entscheider: Strategische Vorausschau als Instrument der Politikberatung; in: Hartmann 2015/1, Seite 78ff
163 Claus von Rosen: Die Entwicklung des Kriegsbildes im Zeichen neuer und hybrider Kriege; in: Hartmann 2015/1, Seite 41
164 Vgl. ebenda, Seite 32f

Kutz untersucht den Stellenwert der **preußischen Reformer** für Baudissins Überlegungen zur Inneren Führung und stellt klar heraus, dass sich Baudissin wie Scharnhorst und Gneisenau um ein aktuelles und realistisches Kriegsbild bemühte.[165] Das „Handbuch" führt hierzu im Kapitel „Staatsbürger in Uniform" und hier insbesondere unter den Fragebereichen „Soldat im permanenten Bürgerkrieg" und „Soldat im heissen Gefecht" aus. Wie nun also stellte sich das einstige baudissinsche Kriegsbild dar und welche Ableitungen wurden aus ihm für die Innere Führung getroffen?

Wesentliche Elemente des Kriegsbildes in der frühen Inneren Führung sind: „der permanente Bürgerkrieg", „der Soldat im heissen Gefecht", der besondere Stellenwert der Psychologischen Kriegsführung sowie der Partisanenkrieg als eigene Kriegsform.[166]

Dabei ist der **„permanente Bürgerkrieg"** durch eine allgemeine Friedlosigkeit, die auf allen Lebensgebieten ausgetragen wird, gekennzeichnet.[167] Der Mensch sei „der eigentliche Kriegsschauplatz, auf dem sich die Auseinandersetzung abspielt, er ist zugleich Ziel und Träger des Kampfes." „Der permanente Bürgerkrieg ohne räumliche und zeitliche Grenzen und ohne Beschrän-

---

[165] An dieser Stelle soll auf Martin Kutz' Ausführungen zum Stellenwert der preußischen Reformer sowie der weiteren deutschen Militärgeschichte für die Arbeit Baudissins und seiner Mitarbeiter verwiesen werden. Während die preußischen Reformer (Scharnhorst, Gneisenau, Clausewitz und Grolmann) Baudissin als Positivbeispiele für die Entwicklung der Inneren Führung dienten, zieht die Innere Führung Konsequenzen aus späteren Zusammenhängen als Negativbeispielen. Diese sind nach Kutz:
-   schlechte Erfahrungen mit militärischem Oberbefehl in der Weimarer Republik (General von Seeckt),
-   Notwendigkeit der politischen Kontrolle der Streitkräfte als Lehre aus preußisch-deutschem Konstitutionalismus und Weimarer Verfassung,
-   fehlendes Unrechtsbewusstsein in der Wehrmacht und Eid auf die Person Hitlers als Ursache für die im Soldatengesetz fixierte Pflicht zum Widerstand gegen rechtswidrige und verbrecherische Befehle

(Vgl. Martin Kutz 2006, Kapitel „X. Die Geburt der Inneren Führung aus dem Geist der Tradition", Seite 147ff)

[166] Vgl. „Handbuch", Seite 34ff sowie Claus von Rosen: Die Entwicklung des Kriegsbildes im Zeichen neuer und hybrider Kriege; in: Hartmann 2015/1, Seite 33f

[167] Vgl. „Handbuch", Seite 35

kung der Kampfmittel stellt uns vor schwerwiegende Probleme, die wir gerade im soldatischen Raum als etwas wirklich Neues nicht übersehen dürfen."[168]

Unter dem Abschnitt **„Soldat im heissen Gefecht"** trifft das „Handbuch" Analysen und Ableitungen zur „Technisierung von Truppe und Gefecht" sowie dem „dynamisch-technischem Gefecht". In Folge dessen, genüge aber nicht mehr der unselbstständige und fraglose Gehorsam, der auf Befehl bis in die Einzelheiten der Ausführung wartet. Zukünftig werde der Gefechtsverlauf noch unberechenbarer werden, die Belastungen noch härter, die fachlichen Anforderungen noch differenzierter; umso notwendiger wird es, Aufträge zu erteilen, die mit den gegebenen Mitteln in sachlich, zeitlich und räumlich klar begrenzter Verantwortung selbstständig zu erfüllen sind.[169]

Einen besonderen Stellenwert nimmt die **Psychologische Kriegsführung** ein. Baudissin verfasste hierzu im Sommer 1957 eine eigene Denkschrift, in der es u.a. heißt: „Der moderne Krieg geht nicht mehr um territoriale Ziele. Der blutige Konflikt entspringt ideologischen Spannungen und kennt daher weder klare Unterscheidungen noch lineare Grenzziehungen zwischen den Staaten. Desgleichen gibt es keinen Unterschied zwischen Soldaten und Nichtkombattanten."[170] Das „Handbuch" führt aus: „Aber auch dann, wenn der Staat, den es zu verteidigen gilt, ein Rechtsstaat ist, hat die Beschützerrolle des Soldaten ihre klare Unmittelbarkeit verloren und ist überschaubar geworden. Die Waffe der psychologischen Kriegsführung als zusätzliches Moment,

---

[168] Claus von Rosen: Die Entwicklung des Kriegsbildes im Zeichen neuer und hybrider Kriege; in: Hartmann 2015/1, Seite 33

[169] Vgl. „Handbuch", Seite 37f

[170] Baudissin zitiert in: Claus von Rosen: Die Entwicklung des Kriegsbildes im Zeichen neuer und hybrider Kriege; in: Hartmann 2015/1, Seite 34
Ferner werden Claus von Rosens Ausführungen im Beitrag "Kriegsbild und Strategie und Innere Führung" (in: Hartmann 2020, Seite 60f) zur psychologischen Kriegsführung im baudissinschen Kriegsbild empfohlen. Darin heißt es u.a. „Die mit Vorbedacht angesetzte und durchgeführte psychologische Kampfführung hat dem Kriege neue Dimensionen geöffnet. Damit erweitert sich der Verantwortungsbereich des soldatischen Führers beträchtlich. Die Gegenseite hat die Möglichkeiten und den Nutzen der psychologischen Kampfführung erkannt und betreibt sie systematisch."

das besonders in der Heimat wirksam wird, ist dazu gekommen. Der Kämpfende kann sich nur noch als Speerspitze verstehen, deren Stoßkraft wesentlich von der Wucht des langen Schaftes abhängt." Und weiter: „Mit den raffinierten Methoden der Meinungsbeeinflussung werden staatliche Souveränität und zwischenstaatlicher Verkehr ebenso ‚unterwandert' wie das Gewissen der Menschen."[171]

Zum **Partisanenkrieg** wird im „Handbuch" zwar nicht explizit ausgeführt, dennoch nimmt auch diese eigene Form der Kriegführung einen wichtigen Stellenwert im baudissinschen Kriegsbild ein. Seine nachhaltigste Auswirkung liege wohl darin, dass der andere gezwungen werde oder meine, zu einer Kampfweise gezwungen zu sein, die im Grunde genommen nicht die seine sei.[172]

Ausgehend von diesen wesentlichen Elementen entwickelte Baudissin **vier Formen von Krieg**:[173]

- Der „Kalte Krieg" als „Nicht mehr Frieden" und zugleich „noch nicht heißer Krieg".

- Der „subversive" oder auch „subkonventionelle Krieg", in dem es das Ziel sei, Chaos zu schaffen, um dann die Macht zu ergreifen. Baudissin weist darauf hin, dass nach 1945 derartige Kämpfe oder Kriege mit großer Rücksichtslosigkeit geführt und mehr oder weniger zum Regelfall militärischer Gewaltanwendung geworden seien. In Ausrüstung und Ausbildung weit überlegene Truppen standen häufig hilflos ihren primitiven, aber klassen- und sendungsbewussten Gegnern gegenüber.

- Der „konventionelle Krieg" als nicht-atomarer Krieg mit herkömmlichen Waffen.

- Der „atomare Krieg".

---

[171] „Handbuch", Seite 34f
[172] Vgl. Claus von Rosen: Die Entwicklung des Kriegsbildes im Zeichen neuer und hybrider Kriege; in: Hartmann 2015/1, Seite 34
[173] Vgl. ebenda, Seite 36f

In Anbetracht des durch ihn entwickelten Kriegsbildes stellt Baudissin fest: „Dieses Dasein inmitten einer geistigen, politischen und sozialen Auseinandersetzung von schicksalhaften Ausmaßen stellt Forderungen an die Standhaftigkeit, Überzeugungstreue, Urteilskraft und Tatsachenkenntnis des einzelnen, die erschrecken können."[174]

Von Rosen stellt treffend fest: „Obwohl Baudissins Ausführungen zum Kriegsbild bereits über 50 Jahre alt sind, haben sie mit dem, was wir heute als Kriege neu beobachten, erstaunlich viel zu tun. Sie bieten sich daher immer noch und vielleicht erst recht für die notwendige Neuorientierung zum Kriegsbild im Zeichen neuer Kriege an."[175]

Herfried Münkler resümiert in seinem 2002 veröffentlichten Buch **„Die neuen Kriege"**: „Aufgrund der beschriebenen Entwicklungen hat sich das Aufgabenfeld der Sicherheitspolitik in den letzten zehn, fünfzehn Jahren also dramatisch verändert: Es ist unübersichtlicher und komplexer geworden, vor allem aber ist es durch die Ablösung sicherheitspolitischer Symmetrien und die Herausforderung durch Asymmetrien gekennzeichnet. [...] Die gesamte politische Ordnung der Staatenwelt war durch das Prinzip der Souveränität auf Symmetrie programmiert. Das hat sich mit der Rückkehr halbstaatlicher, privater, teilweise kommerzieller Kriegsakteure geändert, und diese Rückkehr ist dadurch beschleunigt worden, dass sich eine politische Weltordnung herausgebildet hat, in der nicht Symmetrien, sondern Asymmetrien dominant sind. Es war eine Illusion zu meinen, mit dem Ende der symmetrischen Kriege sei auch das Zeitalter der Kriege zu Ende gegangen. Sie sind durch asymmetrische Kriege abgelöst worden, und diese werden die Geschichte des 21. Jahrhunderts bestimmen."[176]

---

[174] Baudissin zitiert in: ebenda, Seite 34

[175] Ebenda, Seite 38

[176] Münkler 2002, Seite 239f
Münkler stellt drei wesentliche Entwicklungen im Zusammenhang mit den sog. Neuen Kriegen fest (vgl. Münkler 2002, Seite 10f):
- Entstaatlichung bzw. Privatisierung kriegerischer Gewalt
- Asymmetrierung, also der Umstand, dass i.d.R. nicht gleichartige Gegner miteinander kämpfen

Spätestens mit dem Erscheinen der „grünen Männchen" im Zuge der Annexion der Krim im Jahr 2014 hat sich der Begriff der „hybriden Kriegführung" bzw. „hybriden Bedrohung" im sicherheitspolitischen Diskurs etabliert.[177] Dabei ist festzustellen, dass es bis dato keine einheitlich anerkannte Definition zum **„hybriden Krieg"** gibt. Münkler führt aus, dass es ohnehin nicht möglich ist, den Begriff des hybriden Krieges präzise zu definieren. Im Prinzip steht Hybridität für die Undefinierbarkeit des so Bezeichneten.[178] Dennoch scheint es trotz unterschiedlicher Auffassungen deutliche Gemeinsamkeiten zu geben.[179]

Lautsch führt folgende Merkmale an:[180]

---

- Autonomisierung i.S. einer sukzessiven Verselbstständigung vordem militärischer Gewaltformen. In der Folge haben reguläre Armeen die Kontrolle über das Kriegsgeschehen verloren, und diese ist zu erheblichen Teilen in die Hände von Gewaltakteuren geraten, denen der Krieg als Auseinandersetzung zwischen Gleichartigen fremd ist.

[177] Vgl. Bittner 2018, Seite 178

[178] Vgl. Herfried Münkler 2015

Insgesamt scheint Münkler dem Begriff des „hybriden Krieges" eher kritisch gegenüber zu stehen. Es spreche für ihn alles dafür, von dem Begriff „hybrider Krieg" nicht allzu viel an Klärung zu erwarten. Der Begriff des hybriden Krieges sei nicht mehr als ein semantischer Stempel auf der gegenwärtigen Praxis des sicherheitspolitischen „Durchwurstelns".

[179] Als ein wichtiges Grundlagendokument zum russischen Verständnis der hybriden Kriegsführung kann die sog. „Gerassimow-Doktrin" des Chefs des Generalstabes der Russischen Föderation, General Waleri Gerassimow, aus dem Jahre 2013 angesehen werden. Gerassimow stellt fest: „The very ‚rules of war' have changed. The role of nonmilitary means of achieving political and strategic goals has grown, and, in many cases, they have exceeded the power of force of weapons in their effectiveness. The focus of applied methods of conflict has altered in the direction of the broad use of political, economic, informational, humanitarian, and other nonmilitary measures – applied in coordination with the protest potential of the population. All this is supplemented by military means of a concealed character, including carrying out actions of informational conflict and the actions of special-operations forces. The open use of forces – often under the guise of peacekeeping and crisis regulation – is resorted to only at a certain stage, primarily for the achievement of final success in the conflict." (zitiert in: Bittner 2018, Seite 182)

[180] Vgl. Lautsch 2018, Seite 726

Lautsch stellt die Tendenzen der Kriegführung im 21. Jhdt nach Gerassimow wie folgt dar:
- Zustand zwischen Krieg und Frieden verwischt;
- Kriege werden nicht erklärt, aber begonnen und verlaufen nicht nach bekannten Klischees;
- „Intakte" Staaten können

1. Hybride Kriegführung ist eine neue Qualität komplexer Kriegführung und multinationaler Bedrohung. Insbesondere versuchen damit einzelne Staaten, aber auch Interessengruppen, ihre Ziele unterhalb der völkerrechtlichen Schwelle eines konventionellen Kriegs zu erreichen.

2. Sie ist eine synergetische Anwendung offener und verdeckter, regulärer und irregulärer, symmetrischer und asymmetrischer, militärischer und nichtmilitärischer Gewaltmittel, um durch möglichst geringen Einsatz eigener Kräfte und Mittel und bei geringsten eigenen Verlusten bestimmte Interessen durchzusetzen bzw. den „Sieg" über den Gegner zu erringen.

3. Sie ist eine von den bisherigen Regeln der Kriegskunst abweichende vielschichtige Kampfweise unterschiedlicher Akteure, die mit unbelehrbarem Eifer versuchen, territoriale, ethnische und religiöse Konflikte v.a. durch terroristische Aktionen und mit kriminellen Verhalten zu lösen. Die Kampfhandlungen werden als „War amongst the people", als Krieg mitten unter den Menschen geführt.

4. Die hybride Kriegführung wird zukünftig durch die Anwendung des Cyberwar und anderer Methoden moderner Kampfhandlungen erweitert werden. Die kriegerische Auseinandersetzung im virtuellen Raum durch Staaten und durch nichtstaatliche Akteure machen einen Paradigmenwechsel in der (Militär-)Strategie sichtbar, nämlich weg von der kontaktnahen Vernichtung des Gegners hin zur strategischen, möglicherweise präventiven Lähmung der Machtpotenziale des Gegners oder einer Zivilgesellschaft.

---

- o   sich in Tagen in eine Arena erbitterter Kämpfe verwandeln,
- o   Opfer einer ausländischen Intervention werden,
- o   im Chaos, in einer humanitären Katastrophe oder im Bürgerkrieg versinken;
- -   „Regeln des Krieges" haben sich verändert;
- -   nichtmilitärische Mittel zum Erreichen politischer und strategischer Ziele wachsen;
- -   Effektivität übertrifft häufig die Wirkung von Waffen

Wesentlich für den Begriff des hybriden Krieges ist, dass er für ein Drittes „Dazwischen" steht und somit die Ordnung der Binarität aus Krieg und Frieden auflöst.[181]

Bezüglich des Machtpotenzials des Gegners oder einer Zivilgesellschaft führt von Rosen treffend aus, dass der Volksgeist heute deutlich im Zentrum des Geschehens stünde und als Centre of Gravity sogar Ziel des Kampfes sei.[182] Die Wirkmacht anonymer Anrufe bei Familienangehörigen von im Einsatz befindlichen Soldaten, terroristische Anschläge in den Entsendestaaten oder etwa die medienwirksame Hinrichtung von gefangenen Journalisten und Soldaten darf nicht unterschätzt werden. Vor diesem Hintergrund erlangt folgende Feststellung Baudissins besondere Aktualität: „Der Kampfwille des einzelnen wird außerordentlichen Belastungen ausgesetzt werden. Dabei ist die atomare Waffenwirkung auf dem eigentlichen Gefechtsfeld vermutlich nicht einmal der bedrückendste Faktor, [...]. Mit derartigen Gefahren findet sich die Truppe auf ihre Art noch am ehesten ab. Viel bedrückender ist die Tatsache, dass das ganze Heimatgebiet mit zum Kampffeld wird; dass man sich als Soldat heute nicht mehr mit ‚seinem' Gegner allein auf dem Gefechtsfeld befindet – in einem harten, aber letztlich fairen Kampf; eingeschlossen in einer eigengesetzlichen Männerwelt."[183] In Zeiten asymmetrischer Gefechte kann nicht einmal mehr von fairem Kampf ausgegangen werden. D.h. die Belastungen werden noch weiter erhöht, als Baudissin dies ohnehin schon angenommen hat.

Die Bundesregierung hat hybride Bedrohungen explizit in das Weissbuch 2016 aufgenommen und stellt fest, dass offene pluralistische und demokrati-

---

[181] Vgl. Herfried Münkler 2015

[182] Vgl. Claus von Rosen: Die Entwicklung des Kriegsbildes im Zeichen neuer und hybrider Kriege; in: Hartmann 2015/1, Seite 52

Als diesbzgl. Beispiele führt er den Abzug US-amerikanischer Truppen aus Vietnam in Folge der Fernsehberichterstattung sowie aus Somalia im März 1993 an.

Als ein neueres Beispiel kann sicherlich der Abzug spanischer Truppen aus dem Irak in Folge der Terroranschläge in Madrid im Jahre 2004 gesehen werden.

[183] Baudissin zitiert in: Claus von Rosen: Kriegsbild und Strategie und Innere Führung; in: Hartmann 2020, Seite 60f

sche Gesellschaften vielfache Angriffsflächen bieten und damit in besonderem Maße durch hybride Aktivitäten verwundbar sind. Erfolgreiche Prävention gegen hybride Gefährdungen erfordert staatliche und gesamtgesellschaftliche Resilienz – und damit **umfassende Verteidigungsfähigkeit**. Die effektive Vernetzung relevanter Politikbereiche erhöht wesentlich die Aussichten erfolgreicher Resilienzbildung zur Abwehr hybrider Bedrohungen.[184]

Schon das „Handbuch" charakterisierte wie folgt: „Der moderne Krieg ist nicht nur ein Waffengang. Er ist ebenso ein Krieg der politischen Ideen und Schlagworte, der Propaganda und der psychologischen Kampfführung. In einer solchen Auseinandersetzung muß der Soldat einen festen geistigen Standort haben. Er muß wissen wofür und wogegen er kämpft. [...] Heute steht der Soldat bereits im Frieden an der Front einer geistigen Auseinandersetzung."[185] In Zeiten hybrider Bedrohungen muss sogar überlegt werden, ob die einstmalige **Schicksalsgemeinschaft von Gesellschaft und Soldaten** nicht wieder an Aktualität gewinnt. Eine klare (Wieder-)Aufnahme eines Kriegsbildes - insbesondere im Verständnis eines hybriden Krieges - könnte sogar einen hilfreichen Beitrag im Sinne der Integration der Bundeswehr in die Gesellschaft leisten.

Es konnte dargestellt werden, dass die Auseinandersetzung mit hybriden Bedrohungen und das Erfassen ihrer Komplexität keinesfalls eine rein militärische Aufgabe darstellt. Hartmann fasst bezüglich der Inneren Führung im Kontext hybrider Bedrohungen richtig zusammen, dass die demokratischen Tugenden freier und aufgeklärter Bürger und Bürgerinnen [also nicht nur Soldaten] in hybriden Szenarien entscheidend sind. Die Symbiose von Verteidigungsfähigkeit und Wertebewusstsein ist das Credo der Inneren Führung. Daraus erwächst auch heute ihre „Schlagkraft" für einen neuartigen „permanenten Bürgerkrieg". Und weiter: Die heutigen Bedrohungen durch hybride Kriegführung verdeutlichen erneut, dass ‚Schlagkraft' strategisch zu verstehen ist. Der Kampf als gemeinsame Mitte des soldatischen Dienstes reicht in hybriden Kriegen, in denen es ja gerade darum geht, politische Ziele ohne oder

---

[184] Vgl. Weissbuch 2016, Seite 39
[185] „Handbuch", Seite 169f

nur mit geringem und späten Einsatz militärischer Gewalt zu erreichen, nicht aus. Und schließlich: Der **strategische Kern der Inneren Führung** ist bestens für die zukünftig absehbaren Herausforderungen geeignet. Es kommt darauf an, diesen **wieder stärker in den Vordergrund** zu stellen.[186]

---

**Feststellung und Empfehlung für die Weiterentwicklung:**

➢ Das Kriegsbild stellt eine bedeutende Eingangsgröße für die Entwicklung des Soll-Zustandes von Streitkräften dar. Dies gilt für Ableitungen zur „Äußeren" wie zur „Inneren Führung" gleichermaßen.

➢ Außerdem dient es der Verständlichmachung von politischen und militärischen Entscheidungen.

➢ Das einstmalige Kriegsbild vom „permanenten Bürgerkrieg" weist große Parallelen zu heutigen „hybriden Krisen, Konflikten und Kriegen" auf.

➢ Einstmalige Annahmen und Ableitungen der Inneren Führung erfahren dadurch eine Renaissance. Sie sollten daher verstärkten Eingang in Überlegungen zu einer künftigen Weiterentwicklung der Inneren Führung finden.

➢ Dadurch könnte auch ein wichtiger Beitrag für die Integration der Bundeswehr in die Gesellschaft geleistet werden.

---

[186] Hartmann 2015/2, Seite 91ff

## 2.5 Berufliches Selbstverständnis und der Stellenwert der Persönlichkeitsbildung

*„Alle Arbeiten auf dem Gebiet ‚Innere Führung' haben das Ziel, den Typ des modernen Soldaten zu schaffen und fortzubilden, der freier Mensch, guter Staatsbürger und vollwertiger Soldat zugleich ist."* [187]

*„Dieses Dasein inmitten einer geistigen, politischen und sozialen Auseinandersetzung von schicksalhaften Ausmaßen stellt Forderungen an die Standhaftigkeit, Überzeugungstreue, Urteilskraft und Tatsachenkenntnis des einzelnen, die erschrecken können."* [188]

Die vorangegangenen Ausführungen zum einstigen „permanenten Bürgerkrieg" und zu heutigen neuen Kriegen sowie hybriden und asymmetrischen Krisen und Konflikten haben deutlich gemacht, dass sich die an den Soldaten gestellten Anforderungen längst nicht auf die Beherrschung des rein militärischen Handwerks beschränkten und beschränken können.[189] Baudissin zeigt sich gar erschreckt bezüglich der Forderungen an den Einzelnen. Auch das Weissbuch 2006 erkannte dies an und schlussfolgerte mit Blick auf die Innere Führung: „Das militärische Anforderungsprofil verlangt Analyse- und Handlungsfähigkeiten, die über rein militärische Aspekte weit hinausreichen."[190] Bezüglich der zwei Jahre später erschienenen „ZDv 2008" stellt Naumann fest, dass die Vorschrift der Aufforderung des Weissbuches 2006 nur zögerlich gefolgt sei.[191]

---

[187] Zitiert in: Claus von Rosen: Die ZDv 10/1 Innere Führung von 2008. Vorschrift - Handbuch - Überbau; in: Hartmann 2009, Seite 23

[188] Baudissin zitiert in: Claus von Rosen: Die Entwicklung des Kriegsbildes im Zeichen neuer und hybrider Kriege; in: Hartmann 2015/1, Seite 34

[189] Darüber hinaus darf nicht vergessen werden, dass auch Trends und Entwicklungen, wie im Abschnitt II.3 dargestellt, auf jeden einzelnen Soldaten/Bundeswehrangehörigen wirken und er sich damit auseinanderzusetzen hat bzw. diese auf sein individuelles (Er-)Leben einwirken.

[190] Weissbuch 2006, 3.4 Innere Führung, Seite 75

[191] Vgl. Klaus Naumann: „Politisch mündig und auftragsgerecht handeln" – Sicherheits- und Militärpolitik gehören zur Entwicklung soldatischer Professionalität; in: Hartmann 2020, Seite 47

Während das „Handbuch" das Leitbild vom **„Staatsbürger in Uniform"** noch in einem eigenen Kapitel auf mehreren Seiten ausführlich entwickelte, beschränkt sich die „ZDv 2008" auf die knappen Ausführungen in Nummer 402.[192] Sie nimmt zwar den ursprünglichen Dreiklang aus freiem Menschen, gutem Staatsbürger und vollwertigem Soldaten auf, lässt es allerdings aus, dem Vorschriftenleser zu erklären, was dies eigentlich genau bedeute und vor allem, wie dies in das Gesamtgebilde der Inneren Führung einzuordnen sei. Es fehlt der rote Faden. Auch die in Nummer 403 dargestellten, „unmittelbaren Anforderungen an Vorgesetzte und Soldaten" sowie der in Nummer 507 ausgeführte „soldatische Wertekanon" wirken eher zusammenhangslos, wenig nachvollziehbar und überzeugend. Naumann beschreibt und bewertet zutreffend, wenn er feststellt, dass die „ZDv 2008" lediglich modernisierte Sollwerte liefert, die aber jede Konkretion und Anschaulichkeit vermissen lassen, da sich die Vorschrift jegliche Argumentation oder Illustration verbietet.[193] Da das **Handeln aus Überzeugung** jedoch ein wesentliches Kernmerkmal der Inneren Führung darstellt, kann lediglich festgestellt werden, dass die Vorschrift zur Inneren Führung somit ihren eigenen Ansprüchen nicht gerecht wird. Sie überzeugt nicht.

Um den Gedankengang zum „Staatsbürger in Uniform" als „guten Soldaten"[194] mit den damit verbundenen soldatischen Tugenden herleiten zu können, liefert Jermer mit seinem Beitrag „Wert-voll: Ideale der Inneren Führung" einen äußerst hilfreichen und interessanten Überblick, indem er erklärt, was **Werte** sind und warum **Tugenden** helfen, Werte zu fördern. So prägen

---

[192] „ZDv 2008", Nummer 402: Ein zentrales Element der Inneren Führung ist das Leitbild vom „Staatsbürger in Uniform". In diesem Leitbild werden idealtypisch die Forderungen an den Soldaten und die Soldatin der Bundeswehr verdeutlicht:
- eine freie Persönlichkeit zu sein,
- als verantwortungsbewusster Staatsbürger bzw. verantwortungsbewusste Staatsbürgerin zu handeln und
- sich für den Auftrag einsatzbereit zu halten.

[193] Vgl. Klaus Naumann: „Politisch mündig und auftragsgerecht handeln" – Sicherheits- und Militärpolitik gehören zur Entwicklung soldatischer Professionalität; in: Hartmann 2020, Seite 49

[194] Hartmann 2018

Werte unsere politische Kultur und stabilisieren die Demokratie. Als wesentliche (Grund-) Werte nennt er dabei Freiheit, Gerechtigkeit, Solidarität, Menschenwürde. Werte sind das Fundament einer politischen Ordnung und gleichzeitig verbindendes und verbindliches Ideal einer staatlichen Gemeinschaft. Sie sind die höchsten anzustrebenden politischen Ziele und für eine Gemeinschaft überlebensnotwendig. Sie geben Orientierung und sind eine Art „geistige Tank- und Leitstelle".

Tugenden orientieren sich an Werten und fördern sie. Sie sind nur dann wahrhaft und echt, wenn sie um höherer Werte Willen gelebt werden und erfahren dadurch ihren Wert. **Tugenden** verlieren ihren Sinn, wenn sie sich verselbstständigen. Sie **haben keinen Selbstzweck**.

Soldatische Tugenden stellen eine spezifische Auswahl aus Primär- und Sekundärtugenden dar.[195] Jermer nimmt ferner Hartmanns deutliche Bewertung auf, dass die „Klugheit" für den Soldaten die höchste aller Tugenden ist. Rein militärische Professionalität wäre eine Kapitulation vor der Komplexität moderner Konflikte.[196]

Das „Handbuch" stellt die Wichtigkeit von Werten für den Soldaten klar heraus: „Der Soldat als ein Repräsentant des Staates und seiner Grundordnung, als Menschenführer und Träger außerordentlicher Gewalt muß sich diesen Werten besonders verpflichtet fühlen; nur dann dient er verläßlich und überzeugend, nur dann ist er seiner Aufgabe gewachsen."[197]

Anders als die „ZDv 2008" entwickelt das „Handbuch" baudissinscher Prägung innerhalb des Rahmens aus historischen, gesellschaftlichen und politischen Vorgaben einerseits und klar beschriebenem Kriegsbild andererseits ein umfängliches Verständnis vom Leitbild des „Staatsbürgers in Uniform".

---

[195] Vgl. Jermer; in: Hartmann 2020, Seite 178ff
Soldatische Tugenden: Tapferkeit, Rechtschaffenheit, Ritterlichkeit, Pflichtbewusstsein, Gehorsam, Treue, Klugheit & Demut.
Jermer gibt darüber hinaus einen guten Überblick über Primärtugenden (Klugheit, Tapferkeit, Besonnenheit & Redlichkeit) sowie die Sekundärtugenden des „anständigen Bürgers" (bspw. Treue, Fleiß, Gehorsam, Disziplin, Pflichtbewusstsein, Achtsamkeit, Pünktlichkeit, Höflichkeit, Sauberkeit) und erklärt diese pointiert.
[196] Hartmann 2018, Seite 53
[197] „Handbuch", Seite 76

Baudissin betont im Zusammenhang mit dem „Staatsbürger in Uniform" stets die Wichtigkeit seiner geistigen und sittlichen Verfasstheit.[198] Unter der Überschrift „Europäische Traditionswerte" wird umfänglich zu „Friedenswille", „Menschlichkeit", „Verantwortung und Gewissen", „Verhältnis zur Wahrheit" sowie „Entscheidung und Wachstum" ausgeführt.[199] Darauf aufbauend werden im Kapitel **„Leitsätze für Menschenführer: Erziehung des Soldaten"** insgesamt 31 Leitsätze recht konkret und durchweg überzeugend dargestellt. Hierin kommt auch das Tugendhafte am guten Soldaten deutlich zum Ausdruck.[200] Um einen Eindruck von Inhalten und der Art zu formulieren zu geben, seien hier folgende Leitsätze beispielhaft zitiert:

-   (1) Die Bundeswehr schützt Frieden und Freiheit des deutschen Volkes. [...] In diesem Auftrag soll der deutsche Soldat dienen, um seine Familie, sein Volk und seine Heimat vor Unfreiheit und Unrecht zu bewahren. Ihn dafür zu wappnen, ist Sinn der soldatischen Erziehung.
-   (2) Sittliche, geistige und seelische Kräfte bestimmen, mehr noch als fachliches Können, den Wert des Soldaten in Frieden und Krieg. Diese Kräfte zu entwickeln, ist Aufgabe der soldatischen Erziehung. [...]
-   (3) Richtige Erziehung weckt und wahrt rechtliches Denken und Achtung vor der Ehre und Würde des Menschen. Sie fordert Wahrhaftigkeit und stärkt das Gewissen. [...]
-   (5) Entschlossenheit zur Verteidigung, Gehorsam und Pflichtbewusstsein, Tapferkeit und Ritterlichkeit sind die besonderen Ziele der

---

[198] Vgl. Claus von Rosen: Organisatorische Grundlagen der Inneren Führung nach Graf von Baudissin; in: Wiesendahl 2005
[199] „Handbuch", Seite 59ff
[200] Das „Handbuch" erklärt bzgl. der Leitsätze, dass diese aus dem Wunsch entstanden sind, die tragenden Grundforderungen für die Erziehung des Soldaten geordnet und knapp zu formulieren. Sie beruhen dabei auf Erfahrungen aus der Vergangenheit und sind bestimmt durch die Notwendigkeiten der Gegenwart. (Seite 99)

soldatischen Erziehung. Sie lassen sich nicht erreichen ohne Manneszucht und gegenseitiges Vertrauen zwischen Führern und Geführten. Ihre stärkste Bewährung findet die soldatische Erziehung im Kampf.

- (7) Die Bereitschaft zur soldatischen Leistung wächst mit der Einsicht. Nur der Soldat, der die Bedeutung seiner Aufgabe erkannt hat und der von ihrer Notwendigkeit überzeugt ist, wird seine Pflicht treu erfüllen. [...]
- (9) Der Soldat muß widerstandsfähig und spannkräftig, entbehrungsbereit und hart gegen sich selbst sein. Er soll im Sinne des Ganzen selbstständig denken und verantwortungsbewußt gehorchen. [...]

beispielhaft für den Vorgesetzten als Erzieher:
- (15) Erzieherische Autorität ruht in menschlichen Werten. [...] Dazu gehört Bildung, welche die Achtung vor den anvertrauten Menschen und das Wissen um die eigenen Grenzen in sich einschließt. [...]
- (16) Jeder Vorgesetzte soll Sinn und Würde des soldatischen Auftrags verstehen, er soll aber auch von der Gefährdung wissen, die aus der Machtbefugnis seiner Stellung erwächst. [...]
- (20) Der Vorgesetzte muß seine Worte wägen. Seine Sprache soll schlicht und treffend, aber nicht ohne Wärme sein. Phrasen machen unglaubwürdig, Ironie verletzt, Humor weckt Widerhall, Herzlichkeit verbindet.

und schließlich zu den Wegen der Erziehung:
- (22) Die Wege der Erziehung müssen einfach, sinnvoll und überzeugend sein. [...]
- (24) Erziehen heißt anleiten und fördern. Vorherrschend muß der Wille sein, zu helfen und zu ermutigen.
- (28) Bestimmte, in allen Lagen wiederkehrende Tätigkeiten soll der Soldat auch automatisch ausführen können. Hierin muß er durch Gewöhnung geübt werden. Darüber hinaus kommt solchen Übungen keine erzieherische Bedeutung zu. Sie setzen vielmehr die Erziehung des sittlichen Willens und die Einsicht voraus.

Allein diese Auswahl von Leitsätzen macht recht deutlich, wie gut es dem „Handbuch" gelingt, ausgehend von „abendländischen Grundhaltungen"[201] - im Sinne von Grundwerten - den Bogen über bürgerliche und soldatische Tugenden hin zu konkreten Leitsätzen für Grundbetrieb und Kampf zu schlagen. Hartmann analysiert diesbezüglich: „Das Leitbild des ‚Staatsbürgers in Uniform' resultierte anfänglich also nicht nur aus dem Streben nach Demokratieverträglichkeit des Militärs, sondern diente gleichzeitig auch dem Zweck der Erhöhung der Schlagkraft der Armee sowie der Resilienz von Politik und Gesellschaft. Damals wurde dafür der Begriff der **‚geistigen Rüstung'** geprägt."[202]

Wenngleich die Wortwahl der Leitsätze für manchen Leser überkommen wirken mag, so wird man bei Betrachtung der Inhalte feststellen müssen, dass diese tatsächlich in besonderem Maße modern und sachdienlich waren und gemessen an heutigen Realitäten noch immer sind. Auch hier entsteht der Eindruck, dass sich der ein oder andere „Leadership- & Managementcoach" dieser Tage, für seine Seminare sehr wohl Anregungen im einstigen „Handbuch" holen könnte.[203]

Es fällt ferner ins Auge, dass der Vorwurf von der **„weichen Welle"** nicht haltbar ist. Oder um es mit Baudissin zu sagen: „Kern der militärischen Ausbildung ist der Gefechtsdienst und der technische Dienst und zwar unter wirklichkeitsnahen Bedingungen: nach langen Märschen, bei Nacht, unter Erschwerungen aller Art. Ihre Gesetze haben den Dienstbetrieb zu bestimmen."[204]

In diesem Zusammenhang soll die stets wiederkehrende **„sui generis-Debatte"** in aller Kürze aufgenommen, nicht jedoch in vollem Umfang erörtert

---

[201] „Handbuch", Seite 75

[202] Hartmann 2018, Seite 50

[203] Nach hiesiger Bewertung ist die Sprache des Handbuches keinesfalls altmodisch oder etwa nicht verständlich. Ganz im Gegenteil; die Bundeswehr täte gut daran, sich heute wieder mehr auf eine klare, aber auch mitreißende Sprache rückzubesinnen, anstatt allzu technokratisch nüchtern oder auch nichtssagend in modernem „Management-Sprech" auszuführen. Sie o.a. Leitsatz (20).

[204] Baudissin zitiert in: Helmut R. Hammerich: „Kerniger Komiss" oder „Weiche Welle?" Baudissin und die kriegsnahe Ausbildung in der Bundeswehr; in: Schlaffer 2007, Seite 127

werden. Nicht zuletzt vor dem Hintergrund der Gefechtseindrücke von Bundeswehrsoldaten im Rahmen des Afghanistan-Einsatzes erklingt die Forderung nach einer deutlichen Betonung des Soldaten als Kämpfer wieder verstärkt. Manch einer geht in seinen Folgerungen und Forderungen so weit, dass der „Staatsbürger in Uniform" ausgedient habe und durch ein neues Leitbild, welches sich klar und deutlich am Kampf orientiert, ersetzt werden müsse.[205]

Diese Forderung kann aus hiesiger Sicht keinesfalls mitgetragen werden. Dies geschieht nicht etwa, weil das Leitbild des „Staatsbürgers in Uniform" als unantastbar gilt.[206] Auch heißt dies keinesfalls, dass die Besonderheiten des Gefechtes nicht Beachtung finden oder etwa kleingeredet werden sollten. Ganz im Gegenteil. Es muss wieder deutlich werden, dass im Leitbild des „Staatsbürgers in Uniform" Werte und Tugenden an den jeweils richtigen Platz gerückt wurden. Oder wie Hartmann sagt: „Die berechtigte Forderung nach einer stärkeren Berücksichtigung des Kämpfenkönnens und -wollens im Bild des Soldaten darf nicht zur Verschiebung von Prioritäten unter den Tugenden führen. Oberste Priorität behält die Tugend der Klugheit."[207] Baudissin mahnte: „Wird das Leitbild jetzt nicht bewusst gesetzt, wächst es durch das Leben der Gemeinschaft. Doch ist es recht fraglich, ob man es der Entwicklung überlassen kann und soll, welches Leitbild sich einmal bildet und durchsetzt."[208]

Das tiefergehende Studium der Inneren Führung, eine Betrachtung heutiger sicherheitspolitischer Realitäten und nicht zuletzt die eigene Einsatz- und Diensterfahrung führen zu der tiefen Überzeugung, dass der **„Staatsbürger**

---

[205] Wenngleich Nina Leonhard in ihrem Beitrag „Soldat sein. Sozialwissenschaftliche Debatten über den Wandel des Soldatenberufes" aus dem April 2020 (Internetauftritt der Bundeszentrale für Politische Bildung; abgerufen am: 22.02.2021) feststellt, dass damit verbundene binnenmilitärische Auseinandersetzungen (Stichwort: „Drinnis vs. Draussis") inzwischen ihre Brisanz verloren haben, dürfen entsprechende Positionierungen und Veränderungsbestrebungen nicht unbeachtet bleiben.

[206] Tatsächlich wird im Abschnitt II.7 ausgeführt, wie das Leitbild unter Umbenennung ggfs. im Sinne der Inneren Führung weiterentwickelt werden könnte.

[207] Hartmann 2018, Seite 159

[208] Baudissin zitiert in: Claus von Rosen: Organisatorische Grundlagen der Inneren Führung nach Graf von Baudissin; in: Wiesendahl 2005, Seite 35

**in Uniform"** oder ein in dessen Sinne weiterentwickeltes Leitbild genau dem entspricht, was es heute und absehbar braucht, um die Frage nach dem „Guten Dienen, wie?" im gesamtorganisationellen und individuellen Handeln auf taktischer bis strategischer Ebene beantworten zu können. Ein soldatisches Leit- und Selbstbild nach Art des **Spartaners oder archaischen Kämpfertyps**[209] wäre die Folge eines unangebrachten „Reinzoomens" in den militärischen Mikrokosmos. Tatsächlich, und so wurde in den Ausführungen zum Kriegsbild hergeleitet, kann der Mikrokosmos Gefecht nicht für sich allein betrachtet werden. Dies ist schlichtweg unklug und entspricht auch keinesfalls deutschem militärischem Denken, wie es der vielzitierte Clausewitz begründet hat.[210]

Hybride und asymmetrische Konflikte sowie der Einsatz im Rahmen der Landes- und Bündnisverteidigung oder des Internationalen Krisenmanagements sind von einer Komplexität gekennzeichnet, die wahrscheinlich sogar das übertrifft, was Baudissin einst in seinen Ausführungen zum Kriegsbild angenommen hat. Daher gilt es nicht „rein-, sondern vielmehr rauszuzoomen". Das heißt, es ist für jeden Bundeswehrangehörigen, gleich ob im Grundbetrieb oder im Einsatz, gleich ob vorgesetzt oder untergeben, gleich ob uniformiert oder nicht von größter Wichtigkeit, das große Ganze zu verstehen und sich selbst darin verorten zu können.

In diesem Zusammenhang werden zwei Beiträge im Jahrbuch Innere Führung 2015 sehr empfohlen. Dabei führt Erik Rattat zum „militärischen Führer im komplexen Operationsumfeld" und Angelika Dörfler-Dierken zum mittlerweile weithin bekannten Phänomen des „strategic private" aus.

Rattat betrachtet das sich ändernde militärische Verständnis des Begriffes „Wirkung" und kommt zu dem Schluss, dass der militärische Führer in den heutigen Einsätzen weit über die nächsten beiden Führungsebenen hinausdenken und planen können muss. Dazu kommen Denken und Handeln in

---

[209] Siehe Abschnitt I.2
[210] Zum Stellenwert der preußischen Reformer siehe Abschnitt II.4

vernetzten Strukturen, in einem streitkräftegemeinsamen und ressortübergreifenden Kontext.[211] Da vor allem im Gefecht kinetische Wirkung zum Einsatz kommt, kann es sich auch der „geneigte Spartaner" nicht leisten, den Blick auf die Situation zu verengen. Der Spartaner mag das Gefecht gewinnen, der Athener jedoch den Krieg; allerdings kann der Spartaner ihn auch verlieren.

Dörfler-Dierken stellt mit Blick auf Mannschaftssoldaten fest, dass diese schon immer verantwortungsvolle militärische Aufträge zu erfüllen hatten. Neu sei allerdings, dass ihr Handeln Auswirkungen auf der strategischen Ebene und Folgen für die strategischen Entscheidungen ihrer Vorgesetzten und der Politik haben kann. Dies sei vor allem wegen der sich wandelnden

---

[211] Erik Rattat: Der militärische Führer im komplexen Operationsumfeld; in: Hartmann 2015/1, Seite 142ff

Rattat erklärt: „Das militärische Verständnis des Begriffs Wirkung war bisher stark als „Wirkung durch Feuer" geprägt, zielte also hauptsächlich auf die taktische Ebene als rein physische oder kinetische Wirkung. Heute und künftig muss das Verständnis von Wirkung in einem deutlich erweiterten Sinne verstanden werden. Wirkung in diesem umfassenden Verständnis besteht aus den Komponenten **„Effekt"** (d.h. unmittelbare Auswirkung, meist physisch oder kinetisch) und **„Ergebnis"** (d.h. längerfristige Folgen, meist psychologisch oder eine Änderung im Verhalten von Personen oder eines Systems). Während der Effekt einer militärischen Handlung (bspw. Schuss) zumeist auf der taktischen Ebene verbleibt, kann das Ergebnis einer militärischen Handlung durchaus eine Verhaltensänderung auf der operativen oder auf der strategischen Ebene auslösen. In diese ganzheitliche Betrachtung sind zudem mögliche unerwünschte Wirkungen einzubeziehen, die ebenfalls nicht zwangsläufig auf der taktischen Ebene verbleiben. Im **ganzheitlichen Verständnis von Wirkung** hat jeglicher Einsatz militärischer Kräfte eine Wirkung auf der taktischen, operativen und strategischen Ebene. Ein Gegner, der auf der taktischen Ebene „physisch" unterlegen ist, wird so handeln, dass die Wirkung hauptsächlich auf der operativen oder strategischen Ebene liegen wird. Er hofft so, wenn er auch den Kampf verlieren mag, die Schlacht oder den Krieg zu gewinnen. Gerade in asymmetrischen Konfliktszenarien macht der Gegner sich dieses Wissen zu Nutze und stellt den (taktischen) militärischen Führer vor die Herausforderung, dass alle seine (taktischen) Handlungen letztlich nur Teil einer Schlacht auf höherer Ebene darstellen. […] Letztlich kann der Faktor Information bewirken, dass der Anteil „Ergebnis" in der Wirkung den des „Effektes" an Gewicht übertrifft. […] Dies führt zu einer besonderen Herausforderung an den militärischen Führer: alle durch ihn geplanten Maßnahmen müssen unter der Prämisse einer ganzheitlichen und dabei möglichst nachhaltigen Wirkungserzielung synchronisiert werden. […] Nicht mehr das **„Denken zur Wirkung hin"**, sondern vielmehr das **„Denken von der Wirkung her"**, ist nun für den militärischen Führer entscheidend. […] Der militärische Führer sieht sich somit einer zunehmenden komplexeren Planungs- und Integrationsleistung gegenüber, die auf immer niedrigerer Führungsebene zu erbringen ist."

Rolle der Medien in bewaffneten Konflikten möglich geworden. Der „**strategische Gefreite**" ist per definitionem ein militärischer Akteur auf der untergeordneten, der taktischen Ebene [d.h. es muss sich nicht zwingend um einen Mannschaftssoldaten handeln], der gleichwohl einen schwer kontrollierbaren Einfluss auf die strategische Ebene nimmt. Er steht für unkalkulierbare, negative Folgen militärischen Handelns. Die Folgen können dabei immens sein.

Deshalb, so folgert Dörfler-Dierken, brauchen „strategische Gefreite" nicht nur eine rein militärische Ausbildung, sondern auch eine ethische und rechtliche Schulung, die besonders ihr Urteilsvermögen stärkt, damit sie auch in kritischen Situationen angemessen und ethisch korrekt (sic) handeln.[212]

Um ein **angemessenes berufliches Selbstverständnis** entwickeln zu können, ist es ebenfalls wichtig, über ein breites Verständnis von sicherheitsrelevanten Akteuren zu verfügen und sich selbst als Soldat bzw. Bundeswehr darin verorten zu können. Dies gilt heute mehr denn je. Ein Blick in das aktuelle Weissbuch 2016 macht deutlich, wie vielfältig die Herausforderungen für die deutsche Sicherheitspolitik sind.[213] Daraus ergibt sich, dass auch die Bandbreite der jeweils relevanten „Sicherheitsakteure" wesentlich mehr umfasst als

---

[212] Dörler-Dierken: Der „strategische Gefreite" – Mannschaften und die Herausforderungen der Inneren Führung; in: Hartmann 2015/1, Seite 149ff
Dörfler-Dierken führt u.a. aus: „Zudem kann das Handeln von Soldatinnen und Soldaten im Einsatzland - sei es, dass Einheimische getötet, gefoltert oder in ihrer Ehre gekränkt werden - zu unkalkulierbaren Risiken im Ausland, aber auch zu Demonstrationen oder Anschlägen in dem Land führen, das die Uniformträger ausgesendet hat. Innere und äußere Sicherheit im aussendenden Staat, Sicherheit für die im Ausland eingesetzten Soldatinnen und Soldaten – sowohl außerhalb der Feldlager im Ausland wie auch innerhalb derselben – gehen bekanntlich Hand in Hand. [...] Mannschaften müssen im Einsatz in Sekundenschnelle Entscheidungen fällen, die über ihr eigenes Leben und auch über das ihrer Kameradinnen und Kameraden entscheiden können. [...] Die auf dem einzelnen Mannschaftssoldaten lastende Verantwortung für das eigene Leben und das seiner Kameraden ist kaum vorstellbar." Als Beispiele nennt Dörfler-Dierken die sog. „Totenschädelaffäre", „Koranentweihungen" im US-amerikanischen Gefangenenlager Guantanamo, aber auch einzelne Vorfälle vor dem Camp des Provincial Advisory Teams in Talokan sowie Checkpointsituationen oder etwa das bekannte „Karfreitagsgefecht".
[213] Das Weissbuch 2016 nennt folgende Herausforderungen für die deutsche Sicherheitspolitik:
-    Transnationaler Terrorismus

das Militär. Wenn das „Handbuch" in den 50er Jahren feststellte, dass sich der Kämpfende nur noch als Speerspitze verstehen kann[214], so muss er - im Sinne des Bundeswehrangehörigen - heute erkennen, dass er nur noch eine von mehreren Spitzen in einem Köcher sicherheitsrelevanter Pfeile ist. Je nach Lage und Herausforderung kommt es dabei zu einer Verschiebung der in den Vorder- bzw. Hintergrund tretenden Instrumente; militärisch gesprochen zu einem Wechsel innerhalb der „supported-supporting interrelationship". Gerade das Coronavirus zeigt, dass in Pandemiezeiten medizinisches und Pflegepersonal zu sicherheitsrelevanten Akteuren werden können. Die Bundeswehr unterstützt. Ein gutes Beispiel für die Notwendigkeit eines umfassenden beruflichen Selbstverständnisses.

Naumann geht im Lichte des breiten Aufgabenspektrums zwischen Landes- und Bündnisverteidigung und Internationalem Krisenmanagement von der Notwendigkeit eines **gemeinsamen „mindsets"** als Grundlage aus, bevor man mit Gewinn von Gestaltungsfeldern reden könne.[215] Wie bereits dargestellt wurde, werden die aktuellen Gestaltungsfelder innerhalb der Inneren Führung aus hiesiger Sicht ohnehin kritisch und als wenig hilfreich bewertet. Vielmehr sollte die Schaffung des „mindsets" selbst, im Sinne eines gemeinsamen Berufs- und Selbstverständnisses als künftiges Gestaltungsfeld der Inneren Führung etabliert werden.

---

-   Herausforderungen aus dem Cyber- und Informationsraum
-   Zwischenstaatliche Konflikte
-   Fragile Staatlichkeit und schlechte Regierungsführung
-   Weltweite Aufrüstung und Proliferation von Massenvernichtungswaffen
-   Gefährdung der Informations-, Kommunikations-, Versorgungs-, Transport- und Handelslinien und der Sicherheit der Rohstoff- und Energieversorgung
-   Klimawandel
-   Unkontrollierte und irreguläre Migration
-   Pandemien und Seuchen

[214] „Handbuch", Seite 34
[215] Klaus Naumann: „Politisch mündig und auftragsgerecht handeln" - Sicherheits- und Militärpolitik gehören zur Entwicklung soldatischer Professionalität; in: Hartmann 2020, Seite 52

In diesem Zusammenhang wird der bereits genannte Begriff der „geistigen Rüstung" bzw. die **„Vermittlung geistigen Rüstzeuges"** erneut aufgenommen. Im Rahmen der historischen, politischen, rechtlichen und ethischen Bildung können grundsätzliche Werte und Tugenden vermittelt werden und das umfassende Bild vom großen Ganzen gezeichnet werden. Entsprechende (Aus-)Bildungen haben somit einen besonderen Stellenwert für die Persönlichkeitsbildung des einzelnen Bundeswehrangehörigen. In ihrem Rahmen können das erwünschte berufliche Selbstverständnis geprägt und das Wissen über die „inneren Werte" eines Militärs in der Demokratie vermittelt werden, um in Anlehnung an Jermer als „Tank- und Leitstelle" wirken zu können. Dies ist jedoch keine neue Erkenntnis. Es gibt Vorschriften zur politischen und historischen Bildung in der Bundeswehr, die Wehrrechtausbildung ist etabliert und der sogenannte „Lebenskundliche Unterricht" findet ebenfalls statt; eine Vorschrift zur ethischen Bildung ist in Erstellung. [216]

Dennoch scheint es, als würden diese Bestandteile nicht ihr volles Potenzial ausschöpfen können. Obschon die zugehörigen Vorschriften mal mehr, mal weniger die jeweilige Bildung mit der Inneren Führung in Beziehung setzen, wirkt das derzeitige System nicht schlüssig.

Naumann schlussfolgert treffend: „Um ,vollwertige' oder ,einsatzbereite Soldaten' heranbilden zu können, wird eine künftige Dienstvorschrift nicht darauf verzichten können, die Umrisse und Anforderungen aktueller Konflikt- und Krisenszenarien samt den sich ausweitenden Grauzonen hybrider Kriegführung zu entwickeln und in ein schlüssiges Soldatenbild zu übersetzen."[217] Die damit verbundenen Grundsätze sollten klar herausgearbeitet und Leitsätze, welche das Leitbild operationalisieren, formuliert werden.

Im Hinblick auf den Stellenwert der (Persönlichkeits-)Bildung im Rahmen der Inneren Führung geht es vielleicht gar nicht so sehr darum, die Innere

---

[216] ZDv A-2620/1 „Politische Bildung in der Bundeswehr"
ZDv A-2620/3 „Lebenskundlicher Unterricht"
ZDv A-2620/4 „Historische Bildung in der Bundeswehr"
BerDv C-2180/1 „Rechtsausbildung in der Bundeswehr"
[217] Klaus Naumann: „Politisch mündig und auftragsgerecht handeln" - Sicherheits- und Militärpolitik gehören zur Entwicklung soldatischer Professionalität; in: Hartmann 2020, Seite 52

Führung „fit für's 21. Jahrhundert" zu machen, sondern viel eher darum, den Bundeswehrangehörigen fit für die Innere Führung zu machen.[218] Die grundlegende Überarbeitung der aktuellen Gestaltungsfelder der Inneren Führung könnte hier die notwendige Klarheit und Grundlage schaffen. Dabei sollte ernsthaft in Betracht gezogen werden, künftig nur noch zwei Gestaltungsfelder der Inneren Führung vorzusehen. Eines dieser beiden könnte die „Vermittlung geistigen Rüstzeuges im Rahmen der historischen, politischen, ethischen und rechtlichen (Persönlichkeits-)Bildung" sein.

---

**Feststellung und Empfehlung für die Weiterentwicklung:**

➢ Die Vermittlung „geistigen Rüstzeuges" im Rahmen der politischen, historischen, rechtlichen und ethischen (Persönlichkeits-)Bildung sollte künftig eine stärkere Berücksichtigung finden.

➢ Konkrete Vorgaben für das berufliche Selbstverständnis sollten entlang der aktuellen Realitäten und Notwendigkeiten entwickelt werden.

➢ Vor diesem Hintergrund sind auch die aktuellen Gestaltungsfelder der Inneren Führung kritisch zu hinterfragen und ggf. grundlegend neu anzulegen. Dabei wird empfohlen, die „Persönlichkeitsbildung" als eines der beiden künftigen Gestaltungsfelder der Inneren Führung zu etablieren.

➢ Das Leitbild des „Staatsbürgers in Uniform" ist entsprechend weiterzuentwickeln. Seine Herleitung und Beschreibung ist nachvollziehbarer zu gestalten.

➢ Auch sollten künftige Leitsätze entsprechend angepasst werden.

---

[218] An dieser Stelle soll auf Martin Kutz sehr interessante Ausführungen zu Baudissins Verständnis von Erziehung und Bildung bzw. der Wichtigkeit eines „Militärbildungswesens" hingewiesen werden. (Vgl. Kutz 2006, Seite 159ff)

## 2.6 Innere Ordnung und der Stellenwert des Miteinanders sowie der zeitgemäßen Menschenführung

*„Die Inhalte und Formen der soldatischen Ordnung bilden das ‚Innere Gefüge‘; sie sind es, die das ‚Betriebsklima‘ der Streitkräfte bedingen, indem sie das Zusammenwirken und Zusammenleben von Menschen mit gestufter Verantwortung in einer von der Sache her gebotenen Disziplin regeln.“[219]*

*„Die erzieherische Wirkung ist nicht nur von den Vorgesetzten abhängig; starke Einflüsse gehen auch von den Kameraden aus und vom Geist der Gemeinschaft, für den jeder an seiner Stelle mitverantwortlich ist.“[220]*

*„Menschenführung richtet sich nach Menschen.“[221]*

Die Innere Führung wird oftmals als Führungsphilosophie der Bundeswehr bezeichnet. Dass es sich hierbei um eine Engführung handelt, welche ihren umfassenderen Anspruch und die ihr innewohnenden Möglichkeiten unzureichend darstellt, dürfte auf der Hand liegen.[222] Kutz merkt hierzu an, dass der ursprüngliche Begriff **„Inneres Gefüge“** zutreffender sei, mache er doch deutlich, dass es nicht nur um eine Führungsphilosophie ging und geht, sondern die militärische Struktur und die Verhaltensprinzipien mit umschließt.[223] Dennoch, die Innere Führung beinhaltet und beschreibt die Führungsphilosophie der Bundeswehr. Diese macht einen wesentlichen Anteil an der Inneren Führung als komplexem Denk-, Urteils- und Handlungssystem, das Maßstäbe für Führungsentscheidungen gibt, aus. Dabei ist herauszustellen, dass

---

[219] Aus dem Entwurf einer Grundsatzweisung über das Innere Gefüge vom Juni 1952 zitiert in: Baudissin zitiert in: Claus von Rosen: Organisatorische Grundlagen der Inneren Führung nach Graf von Baudissin; in: Wiesendahl 2005, Seite 50

[220] „Handbuch“, Seite 92 (14. Leitsatz)

[221] Von Baudissin zitiert in: Claus von Rosen: Organisatorische Grundlagen der Inneren Führung nach Graf von Baudissin; in: Wiesendahl 2005, Seite 41

[222] Im folgenden Abschnitt II.7 „Konzeption - Philosophie - Kultur und Geltungsbereich" wird zu dieser Thematik näher ausgeführt.

[223] Vgl. Kutz 2005, Abschnitt „4. Die Konzeption der Inneren Führung – Matrix logischer Bezüge im Denken Baudissins"

Führungsentscheidungen keinesfalls auf die Entscheidungen einer höheren Führungsebene gegenüber einer nachgeordneten oder etwa eines Vorgesetzten gegenüber seinen Untergebenen beschränkt sind. So verstanden beinhaltet dies auch jegliche Entscheidungen des Einzelnen gegenüber sich selbst und anderen, unabhängig davon, ob diese vorgesetzt, gleichgestellt, untergeben sind oder auch außerhalb der Bundeswehr stehen. Meyer spricht von sämtlichen interpersonellen Beziehungen.[224]

Die Aussagen der Inneren Führung zur Führungsphilosophie sind dabei eine konsequente Ableitung aus der Kernforderung der Inneren Führung - die Verwirklichung freiheitlich, demokratischer Werte in und durch die Bundeswehr in Grundbetrieb und Einsatz - sowie ein Beitrag zur Beantwortung der Leitfrage „Gutes Dienen, wie?".

Innerhalb der Führungsphilosophie können zwei miteinander verbundene und sich gegenseitig ergänzende Bereiche beschrieben werden. Dies ist zum einen die „zeitgemäße Menschenführung" und zum anderen das „Miteinander". Gemeinsam ergeben sie die „Innere Ordnung" der Bundeswehr, welche im Grunde die **„Sozialordnung" als „vermenschlichte Organisation"** beschreibt. Die „Innere Ordnung" leistet als eine der beiden Aufgaben der Inneren Führung neben der Beschreibung des „beruflichen Selbstverständnisses" einen entscheidenden Beitrag zur Zielerreichung „einsatzbereite & einsetzbare Bundeswehr".

Das „Handbuch" führt im Abschnitt „Menschliche Beziehungen in der Truppe" kurz und bündig aus: „Der Mensch aber ist immer die Hauptsache."[225] Von Rosen spricht hierbei vom **„Primat der Person"** und zitiert von Baudissin: „Doch gehört es zu den Maximen des Konzepts, dass die Anerkennung der einzelnen Soldaten als eigenständige Größe die Voraussetzung ist für die Funktionstüchtigkeit, Verlässlichkeit, kritische Loyalität und politisches Engagement, also für die Funktionstüchtigkeit des Gesamtsystems."[226]

---

[224] Vgl. Berthold Meyer: Innere Führung ist keine Schönwetter-Dienstvorschrift; in: Bald 2009, Seite 42

[225] „Handbuch", Seite 118

[226] Baudissin zitiert in: Claus von Rosen: Organisatorische Grundlagen der Inneren Führung nach Graf von Baudissin; in: Wiesendahl 2005, Seite 41

Eingedenk dieser zentralen Festlegung und unter Beachtung der grundlegenden Werte und Tugenden sowie des damit eng verbundenen Menschenbildes entwickelt das „Handbuch" eine ausführlich beschriebene Darstellung von der anzustrebenden **„Sozialordnung im militärischen Bereich"**.[227] Dabei wird zwar die besondere Bedeutung des Vorgesetzten herausgestellt, aber es wird auch deutlich gemacht, dass „die Art der menschlichen Beziehungen nicht nur von den Vorgesetzten bestimmt wird. In großem Umfange gehen erzieherische Einflüsse auch von den Kameraden aus. […] Jeder einzelne ist an seiner Stelle mitverantwortlich für den Geist des Ganzen."[228] So gesehen ist die Führungsphilosophie also nicht nur auf die „Über-Unter"-Beziehung begrenzt. Sie betrachtet viel mehr auch das Verhalten unter Gleichgestellten, aber auch das Verhalten des Untergebenen gegenüber seinem Vorgesetzten.

Die **„Mitverantwortung"** ist eines der wesentlichen und grundlegenden Elemente innerhalb der Inneren Führung. Baudissin erklärt 1971: „Innere Führung verlangt von Vorgesetzten wie Untergebenen zweifellos mehr als andere Führungsmodelle. Doch steht hinter dieser Konzeption ein Menschenbild, das bei Einsicht in die sachliche und politische Notwendigkeit Mittun, Verantwortungsbereitschaft und Engagement erwarten lässt. Dieses Menschenbild ist unteilbar; es gilt für alle Soldaten - nicht nur nach patriarchalischem Denken für Offiziere."[229]

Die „ZDv 2008" nimmt den Aspekt der Mitverantwortung bzw. der Partizipation ebenfalls auf. Gleiches gilt für weitere grundlegende Elemente wie bspw. die **„Grenzen von Befehl und Gehorsam"**, das **„Führen mit Auftrag"** oder die Notwendigkeit, dass der Vorgesetzte seine Untergebenen kennt und sich ihrer „Sorgen und Nöte annimmt".[230] Dabei leitet es jedoch keinesfalls in Umfang und Nachvollziehbarkeit her, wie sich die einzelnen

---

[227] Aus Baudissins „Freiherr-vom-Stein-Preis"-Rede zitiert in: Claus von Rosen: Organisatorische Grundlagen der Inneren Führung nach Graf von Baudissin; in: Wiesendahl 2005, Seite 50

[228] Vgl. „Handbuch", Seite 118

[229] Baudissin 1971, Seite 26

[230] Vgl. „ZDv 2008", Nummer 403, Abschnitte 5 „Verhaltensnorm und Führungskultur", 6.1 „Bedeutung der Vorgesetzten", 6.2.1 „Menschenführung" sowie Anlage 7.1 „Leitsätze für Vorgesetzte"

Forderungen begründen. Das „Handbuch" hingegen leistet auch hier echte Überzeugungsarbeit.[231]

Besonders interessant sind dabei auch die Ausführungen Baudissins bzw. des „Handbuches" zum Verständnis von **Autorität, Hierarchie, Disziplin** und die Wechselwirkungen zwischen Gehorsam und Einsicht. All diese Begriffe finden im „Handbuch" mehrfache Erwähnung und Ausführung. Gleiches gilt für darüberhinausgehende Einlassungen Baudissins in Vorträgen und schriftlichen Beiträgen.

Das „Handbuch" betrachtet Autorität vor dem Hintergrund gesellschaftlicher Entwicklungen und der Tatsache, dass sie [im Sinne der jüngeren Generation] zwar nicht autoritätsfeindlich sind, aber erst von der menschlichen und sachlichen Qualifikation des anderen überzeugt sein möchten, bevor sie Autorität anerkennen.[232] Dies wirkt sich ebenso auf das freiheitliche Verständnis von Autorität aus: nur in Freiheit kann sich das rechte Gefühl für Autorität ausbilden, nur in Freiheit ist erfahrbar, daß echte Autorität ausschließlich durch Leistung und beispielhafte Haltung zuwächst, denn nur in Freiheit bin ich bereit, solche Autorität anzuerkennen und zu respektieren.[233] Baudissin spricht hierbei von **„Funktions- und Personalautorität"**, welche auf die Funktion begrenzt, also keinesfalls total ist und stets aufs Neue errungen werden muss .[234] Darüber hinaus erkennt Baudissin die Realität des „informellen Führers" an, wenn er erklärt, dass Autorität nicht mehr vorgegeben sei, sondern als Ergebnis eines gruppendynamischen Prozesses denjenigen zugebilligt wird, die durch Führungsleistung die Beherrschung ihrer Funktion (Funktionsautorität) oder aber ihre Glaubwürdigkeit als Mensch (personale Autorität) erwiesen haben.[235] Vorgesetzte sollten sich dieser Tatsache bewusst

---

231 Vgl. „Handbuch", insbesondere das 28seitige Kapitel „Erläuterung der Leitsätze: Verantwortung weitergeben" mit seinen Unterkapiteln „Die Jugend", „Das Bild des Menschen", „Wege zur Mitverantwortung", „Wege der Erziehung" und „Menschliche Beziehungen in der Truppe".
232 Vgl. „Handbuch", Seite 40
233 Vgl. „"Handbuch", Seite 24
234 Vgl. Baudissin zitiert in: Claus von Rosen: Organisatorische Grundlagen der Inneren Führung nach Graf von Baudissin; in: Wiesendahl 2005, Seite 48 sowie 75
235 Vgl. Baudissin 1971, Seite 9

und im Klaren darüber sein, dass sie ihren Führungsanspruch verlieren oder erst gar nicht erlangen können, wenn sie die beiden Kriterien nicht erfüllen und somit de facto hinter einen sich herausbildenden „informellen Führer" zurücktreten.

Eng verbunden mit dem Verständnis von „Funktions- und Personalautorität" ist das Verständnis von Hierarchie als **„freiheitliche Hierarchie"**: „Freiheitlich ist sie, wenn sich Menschen gleicher Würde der Gehorsamspflicht nur insoweit unterwerfen, als es von der Aufgabe her notwendig ist; wenn diese Menschen ganz bestimmte, gesicherte Verantwortungsbezirke verwalten, wenn dann das Ganze im Zusammenspiel der einzelnen Bereiche funktioniert."[236] In diesem Zusammenhang sind Baudissins Aussagen zur **Bürokratisierung** äußerst interessant: „Es herrscht das lähmende Klima der Bürokratie. Die vom Gefecht her gebotene Erziehung zu selbstständigem, sinnvollem Handeln und verantwortlichem Mitdenken ist in diesem Klima nicht möglich." Oder auch: „Bürokratische Streitkräfte sind ein Unding."[237] Das „Hand-

---

[236] Baudissin zitiert in: Claus von Rosen: Organisatorische Grundlagen der Inneren Führung nach Graf von Baudissin; in: Wiesendahl 2005, Seite 53 bzw. in nahezu gleichem Wortlaut im „Handbuch", S. 20

[237] Baudissin 2006, Seite 218 sowie Claus von Rosen: Organisatorische Grundlagen der Inneren Führung nach Graf von Baudissin; in: Wiesendahl 2005, Seite 51
Ferner wird an dieser Stelle auf eine interessante Ausarbeitung der Wissenschaftlichen Dienste des Deutschen Bundestages hingewiesen. Darin wird ausgeführt, dass die Umsetzung der Inneren Führung eine wesentliche Führungsleistung der Vorgesetzten sei. Dabei werden zum „Organisationsproblem" als einem der drei Problemfelder, welche die Transfer- bzw. Führungsleistung beeinflussen können, ausgeführt:
„Der große Freiraum, den die Konzeption der ‚Inneren Führung' den Vorgesetzten in der Theorie belässt, muss auch in der Praxis gewährleistet sein und darf nicht durch innerorganisatorische bürokratische Regelungssysteme oder auch durch Vorgesetzte, die nicht im Sinne der Grundsätze der ‚Inneren Führung' handeln, versperrt werden." (Deutscher Bundestag, Ausarbeitung WD 2- 3000-041/17, Seite 13)
Das Thema der negativen Auswirkungen der Bürokratie/Bürokratisierung in den Streitkräften ist keinesfalls erstmals durch Baudissin angesprochen worden. An dieser Stelle wird auf den sog. „Hufnagelerlass" des Generals der Infanterie Hans von Seeckt in Funktion als Chefs der Heeresleitung aus dem Dezember 1925 hingewiesen. Während Baudissin die Negativauswirkung der Bürokratie auf die menschliche Ebene darstellt, befürchtet von Seeckt erhebliche Auswirkungen auf die materielle Einsatzbereitschaft der Streitkräfte.

buch" führt aus: „Ohne den Mut des Vorgesetzten, Verantwortung zu delegieren und ohne die Verantwortungsfreude der Untergebenen erstarren moderne Streitkräfte in alles lähmende Bürokratie; sie werden damit untüchtig sowohl für den Frieden als auch für den Krieg."[238] Heute sind diese Aussagen nicht nur interessant, sondern vor dem Hintergrund der Tatsache, dass die Bürokratisierungskritik innerhalb der Bundeswehr immer wieder erklingt, auch besonders relevant.

Gehorsam in baudissinschem Verständnis ist als **„gewissenhafter, d.h. kritischer Gehorsam"** zu verstehen. Er ist „aktiver Gehorsam mit der Bereitschaft zur eigenen Verantwortung."[239] Das „Handbuch" führt entsprechend aus: „Erst wenn Gehorsam aus Einsicht und Überzeugung geleistet wird, ist er verläßlich. Überzeugten Gehorsam vom ersten Tag an zu bewirken, darauf kommt es an."[240] Mit Blick auf die Streitkräftebefragung 2013 scheint sich diese Annahme in der jüngeren Einsatzgeschichte der Bundeswehr empirisch bewiesen zu haben. So wurde im Rahmen dieser festgestellt: „Fast die Hälfte der Mannschaften stimmt der Aussage zu, dass Einsicht besser ist als Gehorsam." Die Zustimmung zu dieser Aussage, wächst zudem mit steigendem Dienstgrad.[241]

Während die „ZDv 2008" den Begriff der **Disziplin** in den Nummern 401 sowie 507 erwähnt, führt sie jedoch nicht aus, was darunter eigentlich zu verstehen ist und wie die Notwendigkeit der Disziplin für den Dienst im Militär

---

[238] „Handbuch", Seite 71

[239] Baudissin zitiert in: Claus von Rosen: Organisatorische Grundlagen der Inneren Führung nach Graf von Baudissin; in: Wiesendahl 2005, Seite 62

[240] „Handbuch", Seite 112

[241] Vgl. Angelika Dörfler-Dierken: Der „strategische Gefreite" – Mannschaften und die Herausforderungen der Inneren Führung; in: Hartmann 2015/1, Seite 168

Dort heißt es weiterhin: „Die Zustimmung zu dieser Aussage steigt mit steigendem Dienstgrad deutlich an. Je höher der Dienstgrad, desto wichtiger erscheint den Soldatinnen und Soldaten die Einsicht. Gerade bei Einsätzen, die potentiell zu lebensgefährlichen Situationen führen können, ist es wichtig, dass alle Soldatinnen und Soldaten, auch die niedrigeren Dienstgrade wie die Mannschaften, aus Einsicht handeln. Schließlich müssen sie gegebenenfalls ihre Gesundheit und ihr Leben riskieren."

Die eigene Einsatzerfahrung kann diese Feststellung bestätigen.

verständlich gemacht werden kann. Auch hier führt das „Handbuch" überzeugend aus: „Aus der Einsicht in die Notwendigkeit des Tuns erwächst die Bereitschaft zum Mittun, der Wille zur Selbsteinordnung und Selbstzucht. Nur darunter können wir heute Disziplin verstehen, welche unausweichlich die Gemeinsamkeit der Aufgabe erfordert." Baudissin führt darüber hinaus aus: „Disziplin kann nicht mehr Fremd- und Formaldisziplin sein, deren Einübung eher funktionswidrig als vorbereitend wirkt; sie muß tätigkeitsbezogen sein und sich in der Einsicht des Einzelnen gründen."[242] Somit wird aus Disziplin „Sach- und Selbstdisziplin".[243]

Es wird deutlich, dass die „ZDv 2008" natürlich wesentliche Grundannahmen und Überzeugungen der ursprünglichen Inneren Führung aufnimmt. Sie schafft es dabei allerdings nicht, sie in der Tiefe des „Handbuches" verständlich zu machen und ihre Notwendigkeit gemessen an heutigen Realitäten nachvollziehbar darzustellen. Innere Führung ist vor allem auch **Überzeugungsarbeit**. Diese braucht eine überzeugende und einheitliche Grundlage. Wenn erst ein Blick in außer Kraft gesetzte oder etwa längst vergessene Dokumente hilft, Innere Führung wirklich zu verstehen, dann darf es nicht verwundern, dass sie sich in einem „bedauernswerten Zustand"[244] befindet.

Natürlich reicht es im Hinblick auf eine Weiterentwicklung der Inneren Führung nicht aus, den Blick lediglich in vergangene Zeiten zu richten. So werden neben einer bewussten Rückbesinnung nachfolgende Aspekte für eine Schärfung und Verbesserung der „aktuellen" Inneren Führung als Ganzes und insbesondere des Anteils der Führungsphilosophie vorgeschlagen.[245]

Es überrascht, dass das Wort „kooperativ" oder auch der **„kooperative Führungsstil"** keine wortwörtliche Aufnahme in die „ZDv 2008" gefunden hat. Baudissin machte hiervon im Wortlaut noch regen Gebrauch. Baudissin:

---

[242] Baudissin 1971, Seite 9

[243] Vgl. Claus von Rosen: Organisatorische Grundlagen der Inneren Führung nach Graf von Baudissin; in: Wiesendahl 2005, Seite 63

[244] Hartmann 2018, Seite 160

[245] Tatsächlich muss jedoch auch in der Masse der beschriebenen Aspekte festgestellt werden, dass diese entweder explizit oder indirekt bereits durch Baudissin erkannt und angesprochen wurden, zumindestens aber nicht im Widerspruch zu seinen Überlegungen stehen, sondern viel eher die konsequente Fortführung dessen sind.

„Hier sind neue Verhaltensmuster entstanden, die es nahelegen, statt von ‚befehlen‘ besser von ‚koordinieren zur Kooperation‘, statt von ‚gehorchen‘ besser von ‚kooperieren im Rahmen des Auftrages‘ zu sprechen.“[246] Mit „neuen Verhaltensmustern“ meint er dabei Entwicklungen und Konsequenzen, welche sich aus der **fortschreitenden Technisierung** innerhalb der Streitkräfte und der damit verbundenen **Spezialisierung** der einzelnen Soldaten ergeben: „Jeder Soldat ist heutzutage mehr oder minder Spezialist. Spezialistenwissen und -kenntnisse sind selbstverständlich notwendig. Jeder muss an seinem besonderen Platz mehr können als andere.“[247] Baudissin schlussfolgert daraus für die Rolle des Vorgesetzten und den sich daraus notwendigerweise ergebenden Führungsstil: „Der Vorgesetzte steht meist selbst im Team und kann die Tätigkeiten seiner Untergebenen, die ihm in der Ausführung ihrer Funktion in aller Regel überlegen sind, nur noch am Erfolg messen. Sein Führungsstil hat kooperativ zu sein, um die Tätigkeiten der Spezialisten optimal zu koordinieren.“[248] An der **heutigen Einsatzrealität** gemessen, kann den Aussagen Baudissins nur zugestimmt werden, wenn es bspw. im eigenen Fall die Regel war, dass die geführte gemischt-verstärkte Infanteriekompanie regelmäßig mit etwa 50 (Gefechts-)Fahrzeugen und bis zu 160 deutschen Soldatinnen und Soldaten sowie anderer Nationalität mit Spezialisierungen wie bspw. Joint Fire Support Team, Mörsertrupps, Sanitätskräften, Kampfmittelbeseitigung, Kräften der Elektronischen Kampfführung, Tactical-CIMIC-

---

[246] Baudissin 1971, Seite 8. Siehe auch Baudissin 1976, Seite 826, Abschnitt „4. Führungsmethode und -stil“

[247] Baudissin zitiert in: Claus von Rosen: Organisatorische Grundlagen der Inneren Führung nach Graf von Baudissin; in: Wiesendahl 2005, Seite 48

[248] Baudissin zitiert in: Claus von Rosen: Organisatorische Grundlagen der Inneren Führung nach Graf von Baudissin; in: Wiesendahl 2005, Seite 48
Der „kooperative Führungsstil wird im „Kompendium der Betriebswirtschaftslehre“ wie folgt beschrieben: „Im kooperativen Führungsstil wird die interpersonale Trennung von Entscheidung, Ausführung und Kontrolle gemildert, denn der Vorgesetzte bezieht seine Mitarbeiter durch die Mitwirkungs- und Mitbestimmungsrechte ein. Durch die Mitwirkung ist eine besondere Weisung nicht erforderlich, die Kontrolle wird zur Selbstkontrolle. Den Mitarbeitern kann das Recht auf Kritik dem Vorgesetzten gegenüber eingeräumt werden.“ (Quelle: Artikel „Führungsstil“ in der deutschsprachigen Wikipedia; Abrufdatum: 04.03.2021; Einzelnachweis: Uwe Bestmann (Hrsg.): Kompendium der Betriebswirtschaftslehre, 2001, Seite 580)

Teams, Tactical-PsyOps-Teams und weitere für mehrere Tage außerhalb des Feldlagers operierte und im Gefecht stand.[249] Baudissin formuliert äußerst klar: „Auf dem Gefechtsfeld wird mehr kooperiert als gehorcht."[250]

Im Hinblick auf das Führen im Gefecht gelten auf Grund der besonderen Bedingungen wie etwa Zeitdruck oder mitunter schlechte (Funk-)Verbindung leicht veränderte Regeln. So ist es hier regelmäßig nicht möglich, Entscheidungen und Entschlüsse miteinander zu erörtern. Hier bedarf es **gegenseitigen Kennens und sich Vertrauens**, um den nachgeordneten Führern die Sicherheit zu vermitteln, dass der Funkbefehl des jeweiligen Vorgesetzten auf Können basiert und nicht etwa leichtfertig geschieht. In solchen Situationen tritt der **„autoritäre Führungsstil"** in den Vordergrund.[251]

---

[249] Die gewonnenen Eindrücke in der anschließenden, eigenen Verwendung als Ausbildungsgruppenleiter im Übungszentrum Infanterie haben wiederholt gezeigt, wie stark die Leistungsfähigkeit der jeweils „beübten" Kräfte vom vorherrschenden Führungsstil innerhalb des Führerkorps abhängt. Kam der kooperative Führungsstil zur Anwendung, so wurden externe Unterstützungskräfte in der Regel wesentlich konstruktiver eingebunden und bessere Übungsergebnisse erzielt.

[250] Baudissin zitiert in: Claus von Rosen: Organisatorische Grundlagen der Inneren Führung nach Graf von Baudissin; in: Wiesendahl 2005, Seite 62

[251] Interessant ist hier ein Blick in die Feuerwehr-Dienstvorschrift 100 „Führung und Leitung im Einsatz – Führungssystem" (Ausschuss Feuerwehrangelegenheiten, Katastrophenschutz und zivile Verteidigung, März 1999). Diese beschreibt neben dem „kooperativen" auch den „autoritären Führungsstil" und charakterisiert ihn wie folgt:
- schnelle Entscheidungen und Maßnahmen notwendig;
- unterordnen unter den Willen der Vorgesetzten;
- ausgeprägte Amtsautorität;
- geringer Ermessensspielraum bei der Umsetzung von Befehlen;
- engmaschigere Kontrolle der Auftragserledigung.

Zum Wechselspiel zwischen kooperativem und autoritärem Führungsstil:
In der praktischen Anwendung kann den vielfältigen Anforderungen der Führungstätigkeit und den unterschiedlichen Charakteren weder ein rein auf Befehl und Gehorsam aufbauender (autoritärer) noch ein rein auf Absprachen beruhender (kooperativer) Führungsstil gerecht werden. Dies gilt im besonderen Maße während eines Einsatzes.
Die Führungskraft soll zur Vertrauensbildung und Motivation der Geführten überwiegend kooperativ führen. Die Einsatzkräfte sollen deshalb auch im Einsatz - wenn immer möglich - an der Entscheidungsfindung beteiligt werden. Es ist jedoch zu berücksichtigen, dass beispielsweise bei akut auftretenden Gefahrensituationen die Führungskraft in Form eines schnellen Entschlusses und eines knappen Befehls reagieren muss.

Um derart zielgerichtet führen und im Gefecht oder etwa unter Zeitdruck bestehen zu können, bedarf es gegenseitigen Kennens, Vertrauens sowie **Kritikfähigkeit** aller Beteiligten und eine **belastbare Fehlerkultur**. Die „ZDv 2008" erkennt all diese Forderungen mehr oder minder intensiv erörtert an. Dabei richtet sich die Vorschrift allerdings in besonderem Maße an den Vorgesetzten und versucht ihn davon zu überzeugen, dass er diese Forderungen erfüllt. Wenn nun aber Baudissin das „Team" mit seinen in allen Richtungen wirkenden Dynamiken beschreibt und der Vorgesetzte letztlich Teil des Teams ist, so muss davon ausgegangen werden, dass vorbenannte Forderungen nicht nur für den Vorgesetzten, sondern auch für alle weiteren Teamangehörigen gelten sollten. So besehen sollte eine künftige Vorschrift oder entsprechende Dokumente das „Miteinander" deutlicher neben der „zeitgemäßen Menschenführung" betonen und beschreiben. Auch ist es gerade vor dem Hintergrund der Bedeutung jedes einzelnen - Stichwort: „Strategischer Gefreiter" - unverständlich, warum die „ZDv 2008" in Anlage 7.1 lediglich Leitsätze für den Vorgesetzten, nicht aber Leitsätze für den Soldaten beinhaltet. Das „Erklärstück 1981" sowie die „ZD 1993" beinhalten Leitsätze, welche für Vorgesetzte und/oder Soldaten gelten. Heute scheint es jedoch notwendiger denn je, die Antwort nach dem „Guten Dienen, wie?" für jeden Angehörigen der Bundeswehr gleichermaßen verständlich und verbindlich darzustellen.

Im Hinblick auf die Kritikfähigkeit führt das „Handbuch" prägnant aus: „Aber noch ein weiteres verführt uns oft zum Ausweichen vor der Wahrheit, zu ungesicherten und fragwürdigen Behauptungen: die Überempfindlichkeit gegen Kritik von ‚außen'. […] Blindheit gegenüber sich selbst ertötet alle sittliche und fachliche Fortentwicklung. Soldaten, die nach einer Niederlage nicht scharf mit sich ins Gericht gehen, werden unglaubwürdig. Sie fordern die gefürchtete Kritik ‚von außen' geradezu heraus."[252] Das Herausbilden einer weit verinnerlichten und belastbaren Vertrauens- und Fehlerkultur sollte

---

[252] „Handbuch", Seite 73

ihre Basis in entsprechenden Ausführungen zur Organisations- und Führungsphilosophie finden.[253] Die Notwendigkeit einer belastbaren Fehler- und Vertrauenskultur sowie **„Kritikkultur"** scheint keinesfalls auf die Ebene Team beschränkt zu sein. Hierbei scheint es sich tatsächlich um eine bundeswehrweite Notwendigkeit zu handeln.[254]

Ein weiteres wichtiges Element im Hinblick auf die Führungsphilosophie und -kultur ist mit dem Begriff der **„Kohäsion"** verbunden. Die „ZDv 2008" spricht nicht von „Kohäsion", führt an unterschiedlichen Stellen jedoch zur Notwendigkeit des Zusammenhaltes aus.[255] Ähnlich wie im Falle zuvor genannter Aspekte/Begriffe, bleibt eine grundlegende Erklärung und Einordnung in einen größeren Rahmen jedoch aus. Ferner scheinen die Ausführungen auch eher eindimensional zu sein. Es wirkt, als sei die Notwendigkeit des Zusammenhaltes auf die jeweilige Einheit beschränkt. Neitzel spricht in diesem Zusammenhang von vertikaler Kohäsion und ergänzt wie folgt: „Horizontale und vertikale Ebene bilden im Idealfall ein festes Kohäsionsgeflecht, das Soldaten auch in schwieriger Lage motiviert, ihren Auftrag zu erfüllen."[256] In seiner Analyse der Bundeswehrgeschichte zeichnet Neitzel ein eher kritisches Bild bezüglich der vertikalen Kohäsion.[257] Der Rezensent von Neitzels

---

[253] Zu interessanten Ausführungen zur Vertrauens- und Fehlerkultur wird auf den Beitrag Jan Pahl: Führungskultur in der Bundeswehr. Die Wirkung der Inneren Führung auf Attraktivität und Berufszufriedenheit; in: Pahl 2018, Seite 27-29 hingewiesen.

[254] Sönke Neitzel führt im Hinblick auf die „Kritikkultur" in der Bundeswehr aus: „Wohl niemals in der Geschichte des deutschen Militärs hat die Generalität den Zerfall der Kampfkraft so schweigend zur Kenntnis genommen wie in den vergangenen 20 Jahren. [...] Im Verteidigungsministerium hatte sich offenbar eine Kultur etabliert, dem antizipierten Wunsch der politischen Leitung zuzuarbeiten und kritische Stimmen bereits früh zu unterdrücken. Manche Beobachter meinen, dass sich diese Tendenz in der Zeit von Minister Rühe in den Neunzigerjahren etabliert habe und während der Amtszeit von der Leyens auf die Spitze getrieben worden sei." (Neitzel 2020, Seite 569)

[255] Vgl. „ZDv 2008", Nummern 401, 611, 617, 637, 662 sowie im Anlagenteil.

[256] Neitzel 2020, Seite 17.

[257] So führt er diesbzgl. mit Blick auf die Geschichte der Bundeswehr u.a. aus (alle Textstellen aus: Neitzel 2020):
„[...] wiesen die Debatten auf eine wachsende Diskrepanz auf der vertikalen Ebene hin, also zwischen Truppe und der militärischen und politischen Führung." (Seite 317)

„Deutsche Krieger" im Jahrbuch Innere Führung 2020 fasst zusammen: „Auch wenn der Begriff der Kohäsion in der noch gültigen Vorschrift zur Inneren Führung nicht auftaucht, so deuten doch ihre Grundsätze und Ziele darauf hin, dass Zusammenhalt wichtig ist für die Einsatzbereitschaft der Streitkräfte. Sönke Neitzels vergleichende Analysen über die horizontale und vertikale Kohäsion in den verschiedenen deutschen Armeen mahnen an, diesen Faktor von Schlagkraft noch stärker zu betonen. Akuten Handlungsbedarf sieht er bei der **vertikalen Kohäsion**, vor allem bei der Verbesserung des Vertrauens der Truppe in die politische Leitung und militärische Führung. Recht deutlich weist er darauf hin, dass die militärische Führung künftig die berechtigten Belange der Truppe stärker gewichten und dafür auch den Konflikt mit der politischen Leitung suchen muss."[258] Einen weiteren sehr interessanten Beitrag zur Thematik „Kohäsion" liefert Biehl.[259]

---

„Das eigentliche Problem war der interne Diskurs: wie Generäle in die Truppe hineinwirkten, wie sie sprachen, ob sie offen über Probleme redeten, ihre Zwänge erklärten. Darum stand es schon in den Sechzigerjahren nicht sonderlich gut." (Seite 474)

„Es bleibt aber die alarmierende Erkenntnis, wie groß offenbar inzwischen die Kluft zwischen Soldaten + Offizieren vor Ort und der politischen + militärischen Führung ist. Diese scheint ‚Gehorsam aus Einsicht', wie es die Innere Führung gebietet, ausgesprochen schwer zu machen. Man ist auf dem Weg, den Kampf um die Köpfe und Herzen in den eigenen Reihen zu verlieren." (Zitat Winfried Nachtweih, Seite 510)

„Die Diskussionsveranstaltungen verdeutlichten einmal mehr, dass zumindest Teile der Generalität die Verbindung zur Kampftruppe schon lange verloren hatten." (Seite 557)

„Tatsächlich jedoch haben Generäle der Bundeswehr in ihren Zustandsberichten wohl nie so schonungslos ehrlich über die Sorgen und Nöte ihrer Truppen geschrieben wie in den Sechzigerjahren. Der Puffer war der Generalinspekteur, der die forsche Kritik in seinen Berichten an die Politik meist abmilderte - eine Tendenz, an der sich bis heute wenig geändert hat." (Seite 590)

„So vergab man die Chance, den Afghanistan-Einsatz gezielt zum Aufbau einer eigenen Tradition zu nutzen, und belastete zusätzlich die vertikale Kohäsion der Streitkräfte." (Seite 596)

[258] Hartmann 2020, Seite 393

[259] Vgl. Heiko Biehl: Einsatzmotivation zwischen Landesverteidigung und Intervention. Wie relevant ist die Innere Führung für Soldaten im Einsatz?; in Staack 2014, Seite 31ff

Im Abschnitt „Der Zielprozess ‚soldatische Motivation': Anspruch der Inneren Führung und militärsoziologischer Forschungsstand führt Biehl zu vier grundlegenden Erklärungsansätzen aus. Dies sind:

Die Führungsphilosophie der Bundeswehr ist an sich ein umfassendes und komplexes Konstrukt innerhalb der Inneren Führung als umfassender Organisationsphilosophie. Sie muss eingebettet in diese betrachtet, verstanden und gelebt werden. Nur so ergibt sich auf Basis der Organisationsphilosophie eine schlüssige Organisationskultur im Sinne der Inneren Führung.

Dass dies noch nicht gänzlich erreicht zu sein scheint, macht ein Blick auf die Auswertung der Streitkräftebefragung 2013 deutlich. Bezüglich des Untersuchungsergebnisses zur Zufriedenheit mit der/dem Vorgesetzten sieht Dörfler „alarmierende Signale". [260] Pahl bewertet mit Blick auf die Studienergebnisse

- **soziale Kohäsion:** [...] Zentral für die Soldaten seien nicht abstrakte Ideen oder Werte, sondern die Beziehungen zu ihren Kameraden und unmittelbaren Vorgesetzten, der soldatische Zusammenhalt. [...] Entscheidend sei die kleine Kampfgemeinschaft. [...]
- **instrumentelle Kohäsion:** [...] Kommt er (Moskos) zu dem Schluss, dass militärische Kohäsion nicht zwangsläufig auf engen emotionalen, freundschaftlichen oder sogar familiären Beziehungen beruht, sondern ebenso Ausdruck rationaler Abwägungen sein kann. [...] Demnach stellt die militärische Kohäsion angesichts der Realitäten, Bedingungen und Schwierigkeiten des Einsatzes eine funktionale Notwendigkeit dar.
- **Task cohesion:** [...] Soldatisches Engagement und Handeln kann auch aus dem Bestreben entstehen, ein gemeinsames Ziel zu erreichen. Dieses Ziel kann die engere militärische Aufgabe sein, die einem Soldaten oder einer Einheit übertragen worden ist. Motivation beziehen die SoldatInnen dann aus der konkreten Aufgabe, die es zu bewältigen gilt. [...] Vertreter des Task-cohesion-Ansatzes stehen der seit geraumer Zeit festzustellenden Pluralisierung westlicher Streitkräfte deshalb auch offen gegenüber. Diese Entwicklung gefährde keineswegs den soldatischen Zusammenhalt, wie dies einige Vertreter des Social-cohesion-Ansatzes unterstellen. Auf ein gemeinsames Ziel hin orientiert, könnten auch SoldatInnen mit unterschiedlichen Erfahrungen, Merkmalen und Hintergründen gemeinsam erfolgreich agieren.
- **(Latente) Ideologie:** Charles Moskos hat in seinen Vietnamstudien darauf hingewiesen, dass sich die Identifikation der Soldaten nicht auf die naheliegenden Ziele und Aufgaben beschränken muss. Auch übergeordnete, abstrakte und höhere Ziele und Werte können für die soldatische Motivation relevant sein. [...] Mit diesem Erklärungsansatz rehabilitiert Moskos ideologische Überzeugungen als Motivationsfaktor und unterstreicht die Zusammenhänge von soldatischem Handeln sowie politischen und gesellschaftlichen Bedingungen, denen sich auch die Konzeption der Inneren Führung verpflichtet weiß."

[260] Vgl. Dörfler/Kramer 2014, Seite 41

Beispielhaft seien hier folgende Ergebnisse der Befragung angeführt (ebenda, Seite 12f):

der „Streitkräftebefragung 2013" recht hart: „Aufgrund dieser Diskrepanz kann die Innere Führung derzeit nicht als Führungskultur der Bundeswehr bewertet werden" und entwickelt interessante Handlungsempfehlungen. Darin unter anderem:[261]

- Verbindliche Einführung der Inneren Führung auch im BMVg,
- Durchführung zusätzlicher Studien zur Führungskultur innerhalb der Bundeswehr,
- Entwicklung einer Fehlerkultur und Vertrauensfreude,
- Erhöhung der Führungskompetenz,
- Durchführung von 360°-Feedbacks.

---

**Feststellung und Empfehlung für die Weiterentwicklung:**
➢ Konkrete Vorgaben für die Führungsphilosophie sollten entlang der aktuellen Realitäten und Notwendigkeiten entwickelt werden.

---

- Mit dem Führungsstil ihrer unmittelbaren Vorgesetzten ist mehr als die Hälfte der Untergebenen zufrieden.
  o Besonders hoch ist der Anteil Zufriedener mit mehr als zwei Drittel der Befragten Mannschaften. Die Gruppe mit dem geringsten Anteil Zufriedener ist hingegen die der Unteroffiziere m.P., wenn ein Offizier ihr unmittelbarer Vorgesetzter ist.
- Die fachliche Kompetenz ihrer Vorgesetzten beurteilen viele Soldatinnen und Soldaten als gut.
  o Einzelmerkmale des Vorgesetztenverhaltens werden teils gut, teils weniger gut beurteilt. Zentrale Beurteilungskriterien für das Vorgesetztenverhalten sind bei den Untergebenen Vorbildhaftigkeit, fachliche Kompetenz, die Vermittlung von Handlungssicherheit, Partnerschaftlichkeit, Gemeinschaftlichkeit beim Durchstehen schwieriger Situationen und Selbstkritik seitens der Vorgesetzten. Wer in diesen Punkten als Vorgesetzter gut beurteilt wird, kann zufriedene und motivierte Soldatinnen und Soldaten führen.
- Deutlich mehr als die Hälfte der Soldatinnen und Soldaten vertraut ihrem unmittelbaren Vorgesetzten.
  o Etwas mehr als jeder fünfte Untergebene vertraut seinem Vorgesetzten bzw. seiner Vorgesetzten jedoch „eher nicht" oder „nicht". Am wenigsten Vertrauen in ihren unmittelbaren Vorgesetzten lassen Unteroffiziere m.P. erkennen.

[261] Vgl. Pahl 2018, Seite 37ff

> ➤ Dabei sollte die Führungsphilosophie als ein komplexes Gesamt-system verstanden werden, welches nicht nur das Verhältnis Vor-gesetzter-Untergebener betrachtet.
>
> ➤ Vor diesem Hintergrund sind auch die aktuellen Gestaltungsfelder der Inneren Führung kritisch zu hinterfragen und ggf. grundlegend neu anzulegen. Dabei wird empfohlen, das „Miteinander und die zeitgemäße Menschenführung" als eines der beiden künftigen Ge-staltungsfelder der Inneren Führung zu etablieren.
>
> ➤ Auch sollten künftige Leitsätze entsprechend angepasst werden.

## 2.7 Konzeption – Philosophie – Kultur und Geltungsbereich

Immer wieder wird die Frage gestellt, ob es sich bei der Inneren Führung um eine Konzeption, eine Organisationsphilosophie oder -kultur oder Ähnliches handele. Die „ZDv 2017" bezeichnet die Innere Führung auf ihrem Deck-blatt als „Selbstverständnis und Führungskultur".

In Anlehnung an Pahls Beitrag werden die Begriffe „Konzeption, Philosophie und Kultur" hier wie folgt genutzt.[262] Eine **Organisation** besteht aus einer Vielzahl an Angehörigen, welche ein jeweils individuelles Grundverständnis von der Organisation haben und ihr individuelles Handeln daran ausrichten. Um diese Realitäten zu vereinheitlichen, werden in Unternehmen oft nieder-geschriebene Konzeptionen (auch Firmenphilosophien oder Unternehmens-leitbilder) genutzt, um die Grundannahmen des Unternehmens schriftlich

---

[262] In diesem Zusammenhang wird der Beitrag „Führungskultur in der Bundeswehr. Die Wirkung der Inneren Führung auf Attraktivität und Berufszufriedenheit" von Jan Pahl emp-fohlen (in: Pahl 2018, Seite 10ff). Pahl betrachtet in seinem Beitrag vor allem den „Führungs-aspekt" der Inneren Führung. Hier wird Innere Führung jedoch weiter gefasst, weshalb an dieser Stelle die Organisation in den Mittelpunkt rückt.
Darüber hinaus wird auf die Vortragsfolien „Merkmale politischer Kommunikationsdienst-leister: Organisationsphilosophie" von Wencke Dybski (Dybski 2008) im Rahmen des Mas-terkurses „Politische Kommunikationsdienstleister" (Wintersemester 2007/08) der Philoso-phischen Fakultät der Heinrich Heine Universität Düsseldorf hingewiesen (www.phil-fak.uni-duesseldorf.de/fileadmin/Redaktion/Institute/Sozialwissenschaften/Kommunika-tions-_und_Medienwissenschaft/Vowe/Lehre/Dybski.pdf; Abrufdatum: 18.02.2021)

festzuhalten.[263] Konzeption und Philosophie werden also im gleichen Verständnis genutzt. Sie beschreiben den erwünschten Soll-Zustand für eine Organisation. An dieser Stelle wird dem Begriff Philosophie jedoch deutlich der Vorzug gegeben.[264]

Für den Begriff der Kultur wird folgende Definition übernommen: „Kultur wird als ein gruppenbezogenes, verinnerlichtes, nicht-statisches, teilweise unbewusstes Orientierungs- und Bedeutungssystem verstanden, welches unser

---

[263] Vgl. Pahl 2018, Seite 18

An dieser Stelle wird eine Bezeichnung als „Unternehmenskultur, -philosophie" o.Ä. entschieden abgelehnt. Die **sehr starke Verbetriebswirtschaftlichung** der Bundeswehr in den letzten Jahren und die nach hiesiger Bewertung vor allem negativen Auswirkungen sollen hier nicht weiter ausgeführt werden. Der ehemalige Wehrbeauftragte des Deutschen Bundestages Hans-Peter Bartels sowie General a.D. Rainer L. Glatz führen diesbzgl. klar aus: „Das seit etwa zwanzig Jahren geltende Paradigma, Streitkräfte prozessorientiert und betriebswirtschaftlich effizient führen zu sollen, ist kritisch zu überprüfen. Den Kriterien einer hohen Einsatzbereitschaft kann ein betriebswirtschaftlicher Ansatz nicht genügen." (Bartels/Glatz: Welche Reform die Bundeswehr heute braucht – Ein Denkanstoß; SWP-Aktuell Nr. 84 Oktober 2020, Seite 8).

Sönke Neitzel bewertet mit Blick auf die Empfehlungen der sog. „Weise-Kommission", welche im Jahre 2010 durch Verteidigungsminister zu Guttenberg eingesetzt wurde, ähnlich: „Allerdings hatte auch die Kommission nicht den Stein der Weisen gefunden, und manche ihrer Ideen […] erwiesen sich als kontraproduktiv. Zudem war sie von der Idee der Zentralisierung und Anpassung an zivile Strukturmodelle durchdrungen. Es scheint fraglich, ob dieser Weg für die militärische Welt immer die beste Lösung ist, weil Marktmechanismen hier nur bedingt sinnvoll sind. In der Instandsetzung hat sich das von Weise geforderte Outsourcing an private Dienstleister eher als fatal erwiesen." (Neitzel 2020, Seite 564f) Siehe auch: ebenda Seite 370.

Es werden hier folgende **Beschreibungen für Organisation und Unternehmen** übernommen (Dybski 2008):

Organisation: soziales Gebilde; auf Dauer angelegter Zusammenschluss von Personen; spezifische Ziele. Unternehmen: spezifische Form von Organisationen; Zweck ist die Produktion und Verkauf von Waren/Dienstleistungen; Gewinnorientierung.

[264] Dies begründet sich zum einen darin, dass Konzepte und Konzeptionen vor allen in den Bereich streitkräfteplanerischer Dokumente fallen. Sie haben zumeist stark bedarfsbegründenden Charakter und dienen insbesondere der Haushaltsmittelplanung. Hierzu wird auf die ZDv A-400/4 „Konzeptionelle Dokumentenlandschaft" (Einstufung: offen) verwiesen.

Zum anderen bringt der Begriff der Philosophie schlichtweg besser die geisteswissenschaftliche Komponente unter Beachtung komplexer gesellschaftlicher, politischer, rechtlicher und historischer Vorgaben zum Ausdruck.

Sein, Handeln, soziales Miteinander, Denken, Fühlen und unsere Glaubensweisen beeinflusst, aber nicht determiniert."[265] Somit ist unter dem Begriff der Kultur der Ist-Zustand zu verstehen. Im Hinblick auf die Innere Führung spricht Baudissin von der geistigen und sittlichen Verfassung der zukünftigen Streitkräfte.[266]

Es ist also anzustreben, dass die tatsächliche **Organisationskultur (Ist-Zustand)** den Vorgaben der **Organisationsphilosophie (Soll-Zustand)** entspricht. Im besten Fall, ist Kultur gelebte Philosophie und Philosophie ist Kulturkern.[267] Um die Wahrscheinlichkeit zu erhöhen, dass eine Konzeption zu einer gelebten Kultur wird, sollten das Wunschbild der Organisation und die Wunschbilder der Angehörigen möglichst nahe beieinanderliegen.[268] Hieraus erschließt sich nun Folgendes. Es ist der Anspruch der Inneren Führung, dass alle Soldatinnen und Soldaten ihr Verhalten und Handeln an ihren Grundsätzen ausrichten.[269] Die **Innere Führung** beschreibt den erwünschten Soll-Zustand für die Organisation Bundeswehr. Sie **ist somit Organisationsphilosophie**.[270] Wiesendahl schlüsselt die Innere Führung dabei in drei Komponenten auf und bewertet, dass sie alles umfasse, was den Sinnbezug, den Daseinszweck, das Orientieren, Denken und zwischenmenschliche Verhalten der Soldaten in dieser Armee im Hinblick auf vorgegebene Wertmaßstäbe und Leitbilder ausmachen soll.[271]

---

[265] Aus Maren Tomforde: Einsatzkultur und die Deutung von Gewalt beim Militär, 2015; zitiert in: Pahl 2018, Seite 13

[266] Vgl. Baudissin 2006, Seite 135

[267] Vgl. Dybski 2008, Folie 7

[268] Vgl. Pahl 2018, Seite 19

[269] Vgl. „ZDv 2017", Nummer 501

[270] Wie noch auszuführen sein wird, ist sie derzeitig jedoch lediglich eine „Teilorganisationsphilosophie".

[271] Elmar Wiesendahl: Zur Aktualität der Inneren Führung von Baudissin für das 21. Jahrhundert. Ein analytischer Bezugsrahmen; in: Wiesendahl 2007, Seite 23

Wiesendahl nutzt in seinen Ausführungen ein anderes Verständnis von Philosophie und Kultur. Dennoch machen seine Ausführungen deutlich, wie umfassend die Innere Führung angelegt ist und was sie alles zu leisten im Stande ist. In Anlehnung an Wiesendahl werden hier die drei Komponenten der Inneren Führung als **umfassende Organisationsphilosophie** wie folgt verstanden: **Organisationsselbstverständnis („Armee in der Demokratie")** +

In Beschreibung des Soll-Zustandes ist sie an die unveränderliche Kernforderung „Gewährleistung freiheitlich, demokratischer Werte in und durch die Bundeswehr in Grundbetrieb sowie Einsatz" gebunden. Somit ergibt sich für die Bundeswehr, dass eine weitgehende Übereinstimmung zwischen Organisationsphilosophie und -kultur nicht nur anzustreben und wünschenswert ist. Sie ist auch gesetzliche Vorgabe. Sie kann damit nur insofern die Wünsche und Vorstellungen der Bundeswehrangehörigen beachten, wie sich diese im Rahmen der Kernforderung bewegen. Dies gilt für eine künftige Weiterentwicklung der Inneren Führung ebenso, wie ganz grundsätzlich für die Personalauswahl, -förderung und -weiterbeschäftigung.[272]

Mit Blick auf den Führungsaspekt führt Pahl an: „Führungskonzeption [-philosophie] und Führungskultur sind nur dann derselbe Begriff, wenn die überwiegende Zahl der Vorgesetzten Gebrauchstheorien über Führung nutzt, die ebenfalls als Führungsgrundannahmen in einer Führungskonzeption des Unternehmens niedergeschrieben sind."[273] Es wird hier angenommen, dass dies nicht nur auf den Teil der Führung zutrifft, sondern auch für die umfassendere Organisationsphilosophie als Ganzes gilt. Somit stehen die Organisationsphilosophie und die Gruppe der Vorgesetzten in einem engen, sich gegenseitig beeinflussenden Verhältnis. Es ist im Sinne der angestrebten Deckungsgleichheit von Organisationsphilosophie und -kultur eben jene Orga-

---

**Führungsphilosophie (zeitgemäße Menschenführung und Miteinander) + Berufsleitbild (Staatsbürger in Uniform)**

[272] Zu Baudissins Überlegungen bzgl. des Stellenwertes der Inneren Führung als Kriterium zur Personalauswahl wird auf Kutz 2006, Seite 176 hingewiesen. Darin heißt es u.a.: „Baudissin bestand darauf, diese Kader müssten in erster Linie mit der neuen Konzeption des inneren Gefüges der Streitkräfte intensiv vertraut gemacht werden, um sie in einer möglicherweise langwierigen Diskussion von der Unabdingbarkeit solcher Reformen zu überzeugen. Ihm schwebte dabei eine zehn bis zwölf Wochen dauernde intensive Auseinandersetzung mit jeweils ca. vierzig Personen vor, die für Schlüsselfunktionen vorgesehen werden sollten. Erst nach diesem Lehrgang sollten die Personen entscheiden, ob sie die neue Konzeption mittragen wollten oder nicht. Nur wer im Sinne der Ziele der Inneren Führung den Neuaufbau der Streitkräfte betreiben wolle, sollte eingestellt werden."
[273] Pahl 2018, Seite 19

nisationsangehörigen als Vorgesetzte zu fördern, die ihr Handeln an den Normen der Philosophie ausrichten und somit quasi zu Multiplikatoren für die gelebte Kultur werden.

Es sollte der Anspruch einer Organisationsphilosophie sein, für alle Angehörigen zu gelten. Im Hinblick auf die Innere Führung ist dies jedoch nicht gegeben. Im engeren Sinne gilt die Innere Führung aktuell ausschließlich für Soldatinnen und Soldaten. Die „ZDv 2017" führt zwar aus: „Die zivilen Angehörigen der Bundeswehr müssen sich bewusst sein, dass ihr Handeln vielfach die Rechte und Pflichten der Soldatinnen und Soldaten berührt. Damit bestimmen sie die innere Verfassung der Streitkräfte wesentlich mit und sind deshalb gehalten, ihr Handeln in gleicher Weise an den Grundzügen der Inneren Führung auszurichten."[274] Der einstmalige Bundesverteidigungsminister Dr. Jung drückt in seinem Tagesbefehl zur „ZDv 2008" aus, dass er erwarte, dass sich jeder Angehörige der Bundeswehr mit den Inhalten der Inneren Führung auseinander setzt und sie aus innerer Überzeugung mit Leben füllt.[275] Sie ist somit jedoch lediglich eine **„Teilorganisationsphilosophie"**, in deren Zusammenhang der Wunsch geäußert wird, dass sich auch die zivilen Angehörigen der Bundeswehr an ihr ausrichten.

Das Weissbuch 2016 nimmt diese Tatsache auf und führt eindeutig aus, dass es im Rahmen der Weiterentwicklung der Inneren Führung insbesondere gelte, sie zukünftig so auszugestalten, dass sie allen Bundeswehrangehörigen einen sinnstiftenden Rahmen bietet – als einheitliche Unternehmenskultur, die Selbst- und Führungsverständnis sowie Führungsverhalten harmonisiert.[276]

---

[274] „ZDv 2017", Nummer 502

[275] Vgl. „Tagesbefehl des Bundeministers der Verteidigung" Dr. Jung vom 28.01.2008

[276] Bundesregierung: Weissbuch 2016 – Zur Sicherheitspolitik und zur Zukunft der Bundeswehr, Seite 114

Die seinerzeitige Reaktion des Verbandes der Beamten der Bundeswehr bestand im November 2017 allerdings in einem offenen Brief an die Bundesministerin der Verteidigung, in dem der Verband dafür plädierte, die zivilen Angehörigen der Bundeswehr aus dem Wirkungsradius der Inneren Führung auszuschließen. Die Verfasser betonten, dass die Führungskonzeption nie für zivile Mitarbeiter der Bundeswehr bestimmt gewesen sei. (Vgl. Pahl 2018, Seite 7). Natürlich entspricht es den Tatsachen, dass die Innere Führung einstmals sehr stark zum Soldaten und der Bundeswehr im engeren Sinne von Streitkräften ausgeführt hat. Dies

Diese Zielsetzung ist mehr als nachvollziehbar und kann nur der Anspruch sein.[277] Die Bundeswehr hat sich im Laufe ihrer Existenz in vielerlei Hinsicht gewandelt. Dies gilt in besonderem Maße für die heutige, teilweise Durchmischung von zivilen Angehörigen und Soldaten der Bundeswehr in den einzelnen Dienststellen. So ist es heute durchaus der Fall, dass etwa Soldaten zivile Vorgesetzte haben oder Beamte temporär uniformiert und bewaffnet in Auslandseinsätzen verwendet werden. Das Weissbuch 2016 beschreibt das Miteinander aller Angehörigen der Bundeswehr wie folgt: „Alle Angehörigen der Bundeswehr, ob in Uniform oder in Zivil, bilden heute mehr denn je eine Einheit. Die Bundeswehr braucht Menschen mit festem Gewissen, Charakter und Verantwortungsbewusstsein. Sie schaut nicht nach der Hülle, sondern auf den Inhalt."[278]

Hierbei kann es nur hilfreich sein, sich auf Grundlage eines gemeinsamen Fundamentes zu begegnen. Dass eine Organisationsphilosophie unter diesen Umständen nur für Teile der Organisation gilt, ist dabei nicht nachvollziehbar und keinesfalls zielführend. Außerdem sollte angenommen werden, dass der „zivilgesellschaftliche Einfluss" sowie die auf Kooperation und Mitverantwortung basierende Führungsphilosophie innerhalb der Inneren Führung auch absolut gewinnbringende Aussagen und erstrebenswerte Sollvorgaben für zivil-militärische oder auch rein zivile Führungssituationen macht. Dies gilt umso mehr, als dass sich die Innere Führung als Organisationsphilosophie der Bundeswehr konsequent an den freiheitlich, demokratischen Normen und Werten des Grundgesetztes orientiert und diese schlüssig auf den Dienst in der Bundeswehr anwendet. Ein Blick in das **„Zivile Führungsverständ-**

---

entspricht heute allerdings nicht mehr den Realitäten in Grundbetrieb und Einsatz. Es ist somit nur folgerichtig, die Inneren Führung entsprechend des Weissbuches 2016 weiterzuentwickeln.

[277] Auch Pahl kommt zur selben Schlussfolgerung. Vgl. Pahl 2018, Seite 37
Wenn an dieser Stelle eine Ausweitung des Geltungsbereiches auf alle Bundeswehrangehörigen empfohlen wird, so ist hiermit der Geschäftsbereich BMVg – also Bundeswehr und Ministerium gleichermaßen – gemeint.

[278] Weissbuch 2016, Seite 114

**nis in der Bundeswehr"** zeigt ferner, dass offenkundig mehr Gemeinsamkeiten als Unterschiede vorzuliegen scheinen.[279] Eine etwaige Verweigerung bzgl. der Weiterentwicklung der Inneren Führung im Sinne des Weissbuches 2016 kann an dieser Stelle somit nicht nachvollzogen werden.

Bei allen Gemeinsamkeiten gibt es sicherlich auch Unterschiede zwischen Beamten und zivilen Angehörigen der Bundeswehr einerseits und Soldaten andererseits. Als Beispiel sei hier im Falle des Soldaten der Stellenwert der Tapferkeit oder anderer eher gefechtsbezogener Tugenden genannt. Sollte die Innere Führung künftig zu einer „echten" gemeinsamen Organisationsphilosophie weiterentwickelt werden, so sollten Gemeinsamkeiten herausgestellt und Unterschiede anerkannt werden. Zweiteres wird dabei nicht als Hindernis für eine gemeinsame Organisationsphilosophie bewertet. Es kommt vielmehr darauf an, dies verständlich zu erklären.

Um die starke Fokussierung auf den Soldaten zugunsten einer umfassenden Organisationsphilosophie bewusst zu vermeiden, wäre es überlegenswert, dass Leitbild vom „Staatsbürger in Uniform" durch ein künftiges, mehrgliedriges Leitbild vom **„Staatsbürger in der Bundeswehr"** zu ersetzen; siehe Anlage 3.

---

**Feststellung und Empfehlung für die Weiterentwicklung:**

➢ Die Innere Führung beschreibt grundsätzlich einen Soll-Zustand. Sie hat somit die Eigenschaften einer Organisationsphilosophie für die Bundeswehr. Allerdings hat sie dabei lediglich einen eingeschränkten Geltungsbereich.

➢ Sie sollte, dem Weissbuch 2016 entsprechend, dahingehend weiterentwickelt werden, dass sie sowohl für Soldaten als auch zivile Angehörige der Bundeswehr gilt.

➢ Dazu könnte das Leitbild vom „Staatsbürger in Uniform" zum „Staatsbürger in der Bundeswehr" weiterentwickelt werden.

➢ Es sollten entsprechende Leitsätze entwickelt werden.

---

[279] Vgl. BIZBw 2018

# 3 Empfehlungen zur Weiterentwicklung

*Wolf Graf von Baudissin: „Bevor Änderungen am geltenden Inneren Gefüge vorgenommen werden, sollten die Zielvorstellungen der ursprünglichen Reform reaktiviert werden und die vorgeschriebenen Regelungen konsequent durchgesetzt werden. Konfliktverschärfende Stückelei brächte nur neue Unsicherheit und ist wenig geeignet, konzeptionsgerechte Innere Führung zur Selbstverständlichkeit [...] werden zu lassen."* [280]

## 3.1 Weiterentwicklung der Philosophie (Konzeption)

*„Es geht vielmehr darum, das ursprüngliche Konzept, wie es sich aus den Denkschriften und Reden Baudissins ableiten lässt, wieder zur Geltung zu bringen."* [281]

Kutz Forderung, dass es darum gehe, das ursprüngliche Konzept Baudissins wieder zur Geltung zu bringen, wird an dieser Stelle geteilt. [282] Das bedeutet jedoch nicht, dass es keinen Anpassungs- oder Weiterentwicklungsbedarf gibt. Zunächst muss jedoch einmal klar herausgestellt werden, was überhaupt gemeint ist, wenn von Weiterentwicklung der „(Konzeption der) Inneren Führung" die Rede ist bzw. diese als dringend notwendig gefordert wird. Unklarheit in dieser grundsätzlichen Unterscheidung könnte eine Weiterentwicklungsdiskussion erheblich erschweren und die Innere Führung könnte im schlimmsten Fall weiteren Schaden nehmen. Von Rosen stellt fest, dass Bau-

---

[280] Zitiert in: Claus von Rosen: Erfolg oder Scheitern der Inneren Führung aus Sicht von Wolf Graf von Baudissin; in: Schlaffer 2007, Seite 218

[281] Kutz 2005, Abschnitt 5.2 „Transformation der Inneren Führung?"

[282] An dieser Stelle wird auf die beiden im Literaturverzeichnis erwähnten und wiederholt zitierten Beiträge von Martin Kutz hingewiesen. Nach hiesiger Bewertung sind diese als die bis dato besten Erklärungen/Darstellungen der baudissinschen Inneren Führung und vor allem ihrer Logik anzusehen.

dissin seiner Zeit weit voraus war und bezeichnet ihn treffend als militärischen Visionär und Avantgardist.[283] Vielleicht ist jetzt erst seine Zeit gekommen. Es wäre schade um sein Erbe, die Gelegenheit zu verpassen oder falsch zu nutzen.

Grundsätzlich können zwei verschiedene Ebenen unterschieden werden.[284] Zum einen ist dies die Art der **„Darreichung und Vermittlung"** der Inneren Führung, angefangen bei der grundlegenden Vorschrift in ihrer aktuellen Fassung, über ihre Vermittlung im Rahmen der bundeswehrinternen Ausbildung bis hin zu ihrer Darstellung gegenüber der interessierten Öffentlichkeit. Zum anderen kann hier aber auch die Konzeption an sich - nachfolgend **Philosophie** - gemeint sein; also ihre grundlegenden Annahmen, Folgerungen, Aussagen und Forderungen; ihre Logik.

An dieser Stelle sollen zunächst Empfehlungen zur Weiterentwicklung der Philosophie gegeben werden.[285]

Als erstes wesentliches Zwischenziel auf dem Weg zu einer „weiterentwickelten" Inneren Führung sollte zunächst einmal eine **Rückbesinnung** auf die einstmalige baudissinsche Innere Führung und eine tiefergehende Beschäftigung mit dieser erfolgen. Die Vorschriften und Dokumente seit 1972 sind hierzu nur bedingt geeignet, da sie in keiner Weise die Logik der Inneren Führung aufnehmen oder gar erklären. Diese zu erfassen, ist jedoch grundlegend, um Innere Führung zu verstehen, ihren Mehrwert zu erkennen und von diesem überzeugt sein zu könnn. Dies wiederum ist die Grundlage dafür, sich als Soldat und Bundeswehrangehöriger entsprechend der Forderungen und

---

[283] Claus von Rosen: Erfolg oder Scheitern der Inneren Führung aus Sicht von Wolf Graf von Baudissin; in: Schlaffer 2007, Seite 148

[284] Anlage 4/1 stellt die empfohlenen Schritte und Zwischenziele für eine künftige Weiterentwicklung der Inneren Führung zusammenfassend dar.

[285] Diese stützen sich auf die vorangegangenen Aussagen. Sie werden ergänzt durch die blauen Felder „Feststellung und Empfehlungen" zu den einzelnen Kapiteln; Anlage 4/2 fasst diese zusammen.
Empfehlungen bezüglich der Darreichung und Vermittlung werden in den nachfolgenden Abschnitten III.2 und III.3 entwickelt.

Vorgaben der Inneren Führung zu verhalten oder auch sie selbst vermitteln und weitergeben zu können.[286]

Die nachfolgenden Aussagen sind als Empfehlungen zukunftsorientiert, d.h. sie bilden nicht die Realität der aktuellen Vorschrift ab. Sie werden in Anlage 5/1 graphisch dargestellt. Im Rahmen der vorangegangenen Ausführungen wurde bereits der besondere Stellenwert des „Kriegsbildes" neben den gesellschaftlichen und politischen Vorgaben als wesentliche Eingangsgröße für die Logik der Inneren Führung herausgestellt. Diese bilden den Rahmen für die Erklärungs- und Wirkungszusammenhänge der Inneren Führung mit dem Ziel, einen entscheidenden „Beitrag zu einer einsatzbereiten (Äußere Führung) und einsetzbaren (Innere Führung) Bundeswehr" zu leisten. Dabei bilden die Kernforderung der Inneren Führung - freiheitlich-demokratische Werte in und durch die Bundeswehr in Grundbetrieb und Einsatz - sowie ihre Kernfrage „Gutes Dienen, wie?" die Fixpunkte, um welche herum die Innere Führung als Organisationsphilosophie der Bundeswehr beschrieben wird. Ihre beiden **Aufgaben** sind dabei die Darstellung und Vermittlung eines vorgegebenen **beruflichen Selbstverständnisses** im Rahmen eines möglichen künftigen Gestaltungsfeldes **„geistige Rüstung/Persönlichkeitsbildung"** sowie die Gestaltung der **Inneren Ordnung** im Rahmen des weiteren Gestaltungsfeldes **„Miteinander und zeitgemäße Menschenführung"**. Um die damit verbundenen Grundsätze, Vorgaben und Forderungen möglichst für alle Bundeswehrangehörigen fass- und erlebbar machen zu können, sollten diese in Form eines ggf. angepassten Leitbildes sowie durch entsprechende Leitsätze operationalisiert werden. Somit würde die Grundlage für die **„sittlich, geistige Verfasstheit der Bundeswehr"** als tatsächlich gelebte Organisationskultur gelegt werden. Durch die Umsetzung der Soll-Vorgaben der Organisationsphilosophie wird ein wichtiger Beitrag für die **Funktionen**

---

[286] Ein Vergleich von Regelungen zur Ausbildung und Erziehung in Heer, Luftwaffe und Marine macht deutlich, dass aktuell kein einheitliches und klares Verständnis von der Inneren Führung gegeben zu sein scheint. Die betrachteten Dokumente erwähnen zwar die Innere Führung, die entsprechenden Ausführungen dazu fallen jedoch recht unterschiedlich aus. Es kann vermutet werden, dass dies u.a. eine Folge der aktuellen Regelungs- und Dokumentenlage zur Inneren Führung ist. Im folgenden Abschnitt III.2 werden Empfehlungen für eine optimierte Dokumentengrundlage gegeben.

der Inneren Führung - **Motivation, Legitimation und Integration** - im gelebten Rahmen der Organisationskultur geleistet werden.

Neben die Kernfrage „Gutes Dienen, wie?" treten weitere Leitfragen und Gedankenschritte, welche sowohl dem grundlegenden Verständnis der Inneren Führung, aber auch ihrer Weiterentwicklung und Anpassung dienen. Anlage 5/2 stellt diese und den grundlegenden Gedankengang dar. Anlage 5/3 stellt darüber hinaus die beiden Aufgaben sowie ihre zugeordneten Gestaltungsfelder dar und fasst entsprechende Grundsätze im Sinne von Kerninhalten zusammen.

Überlegungen zur künftigen Weiterentwicklung der Philosophie der Inneren Führung werden nach hiesiger Bewertung zu keinen grundsätzlich anderen Schlussfolgerungen und Ableitungen kommen können, als dies seinerzeit bei Baudissin der Fall war. Entsprechende Bewertungen des „Innere Führung-Kenners" Kutz wurden wiederholt angeführt. Vielmehr gilt es ihre heutige Gedankenführung - wenn man den Aufbau der aktuellen Vorschrift - als solche verstehen möchte, kritisch zu hinterfragen, mit einstmaligen Argumentationen abzugleichen und somit zu sinnvollen Anpassungen zu kommen.

Sehr deutlich wird dies bei Betrachtung der derzeitigen hauptsächlichen und weiteren Gestaltungsfelder. Sie tragen nicht zum Verständnis der Inneren Führung bei. Ganz im Gegenteil, wie in Abschnitt I.4 ausgeführt wurde, sind sie eher kontraproduktiv für das Verständnis und die Bewertung der Philosophie der Inneren Führung. Baudissin hätte sie vermutlich - zumindest in Teilen - eher der Äußeren Führung zugeordnet. Die Rolle der Inneren Führung wäre es dann, diese Themenbereiche als Teil der Äußeren Führung zu „durchbluten". Somit bieten insbesondere die derzeitigen Gestaltungsfelder Streichpotenzial im Hinblick auf eine Schärfung, Entfrachtung und Konzentration auf die eigentliche Philosophie der Inneren Führung.[287]

---

[287] Das bedeutet natürlich keinesfalls, dass die jeweiligen „Themen" wie etwa die „Vereinbarkeit von Familie und Dienst" oder die „Sanitätsdienstliche Versorgung" an Bedeutung verlieren oder gar obsolet werden. Sie haben unbenommen ihre Wichtigkeit für die Bundeswehr und müssen entsprechend personell, materiell und finanziell hinterlegt werden. Dafür braucht es aber sicherlich keine derart explizite Erwähnung in Kerndokumenten zur Inneren Führung.

Auch hier analysiert Kutz treffend: **„Bildung und Erziehung** werden, wie beschrieben, die Hilfsmittel zur Stabilisierung des demokratischen Gefüges der Streitkräfte. Sie werden verstanden als die systemstabilisierenden Elemente, die auf der militärischen Organisationsebene **Kriegstauglichkeit und Demokratieverträglichkeit** garantieren sollen."[288] Dabei muss erklärt werden, dass Baudissin „Führung" und „Erziehung" eng miteinander verbunden sah.[289] Deutlich tritt dies im „Handbuch"-Kapitel „Leitsätze für Menschenführer: Erziehung des Soldaten" oder etwa in folgender Aussage zu Tage: „Vergleichen wir einmal die innere Haltung des heutigen Menschen mit den Anforderungen, die an ihn als Soldat gestellt werden müssen, so zeigt sich deutlich, welche Bedeutung Menschenführung heute hat. Es erscheint unabweislich, daß diese Menschenführung mit aller Konsequenz den Willen und die Fähigkeit des einzelnen fördern muß, Verantwortung zu sehen und zu übernehmen. Was früher nur für die Ausbildung der Führer wichtig war, muß heute die Gesamterziehung bestimmen."[290]

Entsprechend sollten die Gestaltungsfelder grundsätzlich überdacht werden und die **„systemstabilisierenden Elemente"** Bildung und Erziehung deutlicher in den Fokus gerückt werden. Sie sind dabei in den Erklärungs- und Wirkungszusammenhang der Gesamtphilosophie nach dem Dreiklang „Zielsetzung > Operationalisierung > Zielerreichung" einzuordnen; siehe Anlage 5/1-3. Die Philosophie muss in sich schlüssig dargestellt und verstanden werden. Ein diesbezügliches „Streamlining" der Vorschrift zur Inneren Führung und eine mögliche Erstellung weiterer Dokumente wäre hier sicherlich hilfreich.

Darüber hinaus könnte eine echte Weiterentwicklung der Philosophie erreicht werden, wenn es gelänge, den Geltungsbereich der Inneren Führung entsprechend der Vorgaben des Weissbuches 2016 auf alle Bundeswehrangehörigen auszuweiten und dabei ggf. das Leitbild vom „Staatsbürger in Uniform" zum „Staatsbürger in der Bundeswehr" weiterzuentwickeln.

---

[288] Kutz 2006, Seite 164
[289] Vgl. Claus von Rosen: Organisatorische Grundlagen der Inneren Führung nach Graf von Baudissin; in: Wiesendahl 2005
[290] „Handbuch", Seite 39

## 3.2 Dokumentenlandschaft Innere Führung

*„Entgegen anderslautender Einschätzung ist Baudissin Praktiker der Generalstabsarbeit. Er hat niemals ein Gesamtkonzept seiner Überlegungen geschrieben. Alles, was wir von ihm kennen, sind Papiere, die konkrete Aufgaben oder Probleme angehen. [...] Das hat die erstaunliche Nebenwirkung, dass seine Schriften trotz Heterogenität der Gegenstände keinen einzigen Widerspruch aufzeigen.“*[291]

Als zweites wesentliches Zwischenziel im Rahmen einer Weiterentwicklung sollte die Darstellung im Sinne von Vorschriften und Dokumenten entlang eines klaren Verständnisses von der Philosophie der Inneren Führung grundlegend überarbeitet werden. Hierzu könnte eine eigene „Dokumentenlandschaft Innere Führung" etabliert werden; siehe Anlage 6.

Diese sollte aus zwei „Kerndokumenten", weiteren „Regelungen mit direktem Bezug zur Inneren Führung" sowie einer ergänzenden „Schriftenreihe zu Einzelthemen" bestehen. Dabei würden die einzelnen Vorschriften und Dokumente folgende Funktionen erfüllen:

- **Kerndokumente:**
  - Die **„Allgemeine Regelung"**[292] - vormals Zentrale Dienstvorschrift - sollte
    - die Innere Führung als Organisationsphilosophie der Bundeswehr pointiert und schlüssig darstellen,
    - klare Vorgaben in Form von Leitbild und Leitsätzen für alle von der Regelung erfassten Bundeswehrangehörigen beinhalten,
    - die „Dokumentenlandschaft Innere Führung" quasi als ihr Dachdokument sowie
    - organisationelle Informationen darstellen.

---

[291] Kutz 2006, Seite 162
[292] Der Klassifizierung des Dokumentes als „Allgemeine Regelung" wird mit Blick auf das Regelungsmanagement der Bundeswehr und der sog. „Konzeptionellen Dokumentenlandschaft" der Vorzug gegenüber einer Klassifizierung als „Konzept/Konzeption" gegeben.

- o Das „**Handbuch**" sollte die pointierten Ausführungen der Allgemeinen Regelung zur Organisationsphilosophie der Bundeswehr tiefergehend in Form von unterschiedlichen Aufsätzen erklären und Hintergrundinformationen beinhalten. Es kann somit einer eingehenden Befassung mit der Inneren Führung im Selbststudium oder als Unterrichtsmaterial dienen.
- **Regelungen mit direktem Bezug zur Inneren Führung**:
  - o Die Vorschriftenreihen Bildung sowie Menschenführung sollten verbindliche und detailliertere Regelungen für die beiden den Gestaltungsfeldern zugeordneten Bereiche treffen (Beispiele: Regelungen zur politischen oder historischen Bildung)
- **Schriftenreihe zu Einzelthemen**:
  - o Die Schriftenreihe „InFü & ..." sollte ausgewählte Einzelthemen durch die Brille der Inneren Führung betrachten, untersuchen und den Leser zum Nachdenken im Rahmen der eigenen Meinungs- und Weiterbildung anregen.

Die Vorteile einer solchen „Dokumentenlandschaft Innere Führung" wären:
- Klare und ebenengerechte Darstellung der umfassenden Organisationsphilosophie der Bundeswehr,
- Möglichkeit zur gezielten Vertiefung einzelner Aspekte,
- Einordnung weiterer Regelungen und Dokumente sowie „Akteure" in die „Gesamtsystematik" Innere Führung,
- Kurzfristige Reaktionsmöglichkeit, um auf aufkommende Themen reagieren zu können, ohne die grundlegende Darstellung der Organisationsphilosophie ständig anpassen zu müssen und/oder zu überfrachten.

Anlage 7 enthält einen möglichen Gliederungsentwurf für eine künftige „Allgemeine Regelung Innere Führung". Anlage 8 macht Vorschläge für mögliche

Themen und Inhalte eines künftigen „Handbuches Innere Führung" sowie einer Schriftenreihe.

Eingedenk der Beschreibung Baudissins als Praktiker der Generalstabsarbeit, welcher nie eine zusammenhängende Darstellung der Inneren Führung verfasst hat,[293] könnte hierin tatsächlich der große Wurf im Rahmen einer künftigen Weiterentwicklung liegen. Demnach würde sich die Weiterentwicklung weniger auf die Philosophie als vielmehr auf die „Darreichung und Vermittlung" der Inneren Führung in Form einer eigenen Dokumentenlandschaft auswirken.

## 3.3 Vermittlung und Anwendung

*Baudissin: „…ungenügende Ausbildung der Inneren Führer, weitgehendes Fehlen einer Inneren Führung der Inneren Führer, das Fehlen einer ernsthaften Auseinandersetzung mit Theorie und Praxis der Inneren Führung."[294]*
*„Es ist demnach notwendig, die Konzeption Innere Führung in ihrer logischen Stringenz zu verdeutlichen und die Verbiegungen und Missverständnisse der militärischen Alltagspraxis unberücksichtigt zu lassen."[295]*

Um dieser weiteren nachvollziehbaren Forderung von Kutz gerecht werden zu können, sollten weitere Maßnahmen zur Vermittlung und Anwendung der Inneren Führung auf Grundlage der „Dokumentenlandschaft Innere Führung" aufsetzen. In der Folge kann aus der Organisationsphilosophie Innere Führung eine belastbare Organisationskultur in ihrem Sinne erwachsen.

---

[293] An dieser Stelle wird auf den Beitrag Baudissins „Innere Führung / Inneres Gefüge" im Handbuch Öffentlicher Dienst von 1976 hingewiesen (Baudissin 1976). Wenngleich dieser auch keine umfassende Herleitung des Gedankenganges der Inneren Führung beinhaltet, sollte er dennoch besondere Beachtung in der Auseinandersetzung mit der Inneren Führung finden.
[294] Von Baudissin: Innere Führung im Schwinden (in: Süddeutsche Zeitung, 1.8.1978) zitiert in: Claus von Rosen: Erfolg oder Scheitern der Inneren Führung aus Sicht Wolf Graf von Baudissin; in: Schlaffer 2007, Seite 218
[295] Vgl. Kutz 2005, Abschnitt „2. Die militärischen Reaktionsmuster"

Im Grunde können drei Arten der Vermittlung und Anwendung der Inneren Führung unterschieden werden. Diese sind

- die Vermittlung im Rahmen der lehrgangsgebundenen bzw. Truppenausbildung,
- die Vertiefung der Kenntnisse im Selbststudium und
- das (bewusste) Erleben im täglichen Miteinander.

Dabei ist es in jedem Falle anzustreben, alle Angehörigen der Bundeswehr zu erreichen. Die Forderungen des Weissbuches 2016 sowie der aktuellen Vorschrift sind klar, wenn sie herausstellen, dass die Innere Führung für jeden Soldaten verbindlich ist und sich auch zivile Angehörige der Bundeswehr an ihr ausrichten sollen.[296] Dieser Anspruch sollte unverändert bestehen bleiben. In Bezug auf die Vermittlung und Anwendung der Inneren Führung ergeben sich unterschiedlich gewichtete Relevanzen und Ansprüche für die Angehörigen der Bundeswehr. So sollten sicherlich jene, die aufgrund ihres Dienstpostens an Ausbildungseinrichtungen unmittelbar mit der Vermittlung der Inneren Führung beauftragt sind (**lehrgangsgebundene Ausbildung**), über das umfangreichste Hintergrundwissen und Verständnis der Inneren Führung verfügen. Baudissin fordert demnach „[die] Systematische Einführung der führenden Offiziere in die veränderte Lage und ihre Auswirkungen auf die Menschenführung; gründliche Ausbildung aller derzeitigen und zukünftigen Kommandeure wie Fachlehrer in allen Fragen der Inneren Führung."[297] Ähnliche Ansprüche gelten sicherlich für die Vermittlung der Inneren Führung im Rahmen der **Truppenausbildung**. Hier wird schließlich die „Innere Führungs-Grundlage" für alle Soldaten der Bundeswehr gelegt, Verständnis geschaffen und etwaiges Interesse geweckt. Das geweckte Interesse wiederum ist die Grundlage für ein mögliches freiwilliges und vertiefendes **Selbststudium** der Inneren Führung, welches seinerseits wieder auf eine qualitativ hochwertige Dokumenten- und Quellengrundlage zurückgreifen können

---

[296] Vgl. Weissbuch 2016, Abschnitt 8.3 Innere Führung als Kern des Selbstverständnisses der Bundeswehr sowie „ZDv 2017", u.a. Nummern 102, 501, 502
[297] Baudissin in: Claus von Rosen: Erfolg oder Scheitern der Inneren Führung aus Sicht Wolf Graf von Baudissin; in: Schlaffer 2007, Seite 209

sollte. An dieser Stelle schließt sich der Kreis zur „Dokumentenlandschaft Innere Führung".[298] Im Falle einer entsprechend geeigneten **„Außenkommunikation"** könnte sogar das Interesse in Teilen der Gesellschaft bzw. außerhalb der Bundeswehr geweckt werden. Dies wiederum könnte einen Mehrwert für die Integration der Bundeswehr in die Gesellschaft bringen.

Abschließend wird im Rahmen des **täglichen Erlebens** innerhalb der Bundeswehr die tatsächliche Überzeugungsarbeit für die Innere Führung geleistet. Hier findet sie Anwendung oder auch nicht. Hier stellt sich heraus, ob die im Rahmen der Ausbildung vermittelten Kenntnisse verinnerlicht wurden und zur gemeinsamen Grundlage für das Denken und Handeln aller Angehörigen der Bundeswehr geworden ist. Somit ergibt sich ein Regelkreis zur Vermittlung und Anwendung der Inneren Führung; siehe Anlage 9. Dieser Regelkreis wird stetig durchlaufen. Eine Befassung mit der Inneren Führung findet im Grunde keinen Abschluss, da

- Themen, welche im Rahmen der Inneren Führung vermittelt werden, einem stetigen Wandel unterliegen; Beispiel: Behandlung tagespolitischer Themen, gesellschaftlicher Entwicklungen oder jährlich wechselnde, vorgegebene Schwerpunktthemen.

- mit dem möglichen Aufstieg des Einzelnen innerhalb der Bundeswehr auch der Anspruch an die jeweiligen Kenntnisse der Inneren Führung und damit verbundener Fähigkeiten wächst; Beispiel: sicheres Verhalten in verschiedenen „(Selbst-)Führungssituationen".[299]

Wenngleich sich die Innere Führung an alle Bundeswehrangehörigen richten und das Denken und Handeln aller in ihrem Sinne beeinflussen soll, so kommt doch den Vorgesetzten im Allgemeinen, neben den „Innere Führungs-Ausbildern" im Speziellen, eine besondere Bedeutung zu. Sie führen zum einen oftmals die entsprechende Truppenausbildung durch und tragen

---

[298] Um jedem Angehörigen der Bundeswehr die Möglichkeit zum Selbststudium geben zu können, muss sicherlich der Zugang zu entsprechenden Dokumenten, Quellen und Materialien sichergestellt sein. Hier könnten zeitgemäße Ansätze unter Rückgriff auf digitale Formate einen echten Nutzen bringen.
[299] Damit verbunden sind unterschiedliche Bedarfe bzgl. des Umfanges und der Tiefe der Inneren Führung-Ausbildung in der Truppe und an Ausbildungseinrichtungen.

zum anderen durch ihren Führungsstil maßgeblich zum Klima in den (Teil-) Einheiten und Verbänden bei.[300]

Folglich richten sich Baudissins nachfolgende „Vorschläge für die Zukunft" insbesondere an die Vorgesetzten und Offiziere:[301]

1. Begabung und Können auf dem Gebiet der Inneren Führung und kundiges Interesse für politische Fragen sollten entscheidende **Beurteilungsmaßstäbe für Offiziere** abgeben. [Anwendung und Erleben im täglichen Miteinander]

2. In der Ausbildung von Disziplinarvorgesetzten und Menschenführern unterschiedlicher Ebenen sollte die Planspielmethode genutzt werden, um in bestimmte Führungsprobleme einzuführen, nach hilfreichen Führungsmethoden zu suchen und sie einzuüben. [lehrgangsgebundene Ausbildung]

3. Freiwillige **Arbeitsgruppen** sollten auf allen Ebenen angeregt werden und deren Ergebnisse im Offizierplenum ihrer Einheiten und Verbände diskutiert werden. [Selbststudium, Truppenausbildung sowie Anwendung und Erleben im täglichen Miteinander]

4. Die **Politische Bildung** ist durch Nutzung des Medienangebotes und dessen Diskussion zu verbessern. [Truppenausbildung sowie Anwendung und Erleben im täglichen Miteinander]

Wenngleich diese Vorschläge nun schon vor einigen Jahren durch Baudissin selbst vorgebracht wurden, machen sie doch deutlich, wie sehr der Erfolg der Inneren Führung aus Sicht Baudissins doch gerade von den Vorgesetzten abhängt. In Anbetracht der Tatsache, dass das Ziel der Inneren Führung nicht weniger als ein entscheidender Beitrag zur Einsatzbereitschaft und Einsatzbarkeit der Bundeswehr ist, sollte vor allem auf die Vermittlung und Anwendung der Inneren Führung für und durch die Vorgesetzten abgezielt werden. Gelingt es, diese zu überzeugen und zu gewinnen, wird dies in der Konsequenz zu verbesserten Kenntnissen und Anwendung in der Breite führen.

---

[300] Dies gilt natürlich ebenso für weitere Dienststellen inklusive des Ministeriums.
[301] Vgl. Baudissin in: Claus von Rosen: Erfolg oder Scheitern der Inneren Führung aus Sicht Wolf Graf von Baudissin; in: Schlaffer 2007, Seite 222

Eine detaillierte Untersuchung zum Ist-Zustand der Vermittlung und Anwendung der Inneren Führung kann an dieser Stelle nicht erfolgen. Nicht zuletzt mit Blick auf die Ergebnisse der „Streitkräftebefragung 2013 – Innere Führung in Zahlen" sowie regelmäßig vorgebrachter Ressentiments gegenüber der Inneren Führung scheint es hier jedoch Optimierungsbedarf zu geben. Entsprechende Untersuchungen und Überlegungen sollten dementsprechend Gegenstand der Weiterentwicklungsaktivitäten zur Inneren Führung sein.

## 3.4 Vorgehen und Beteiligung im Rahmen der Weiterentwicklung

Die „ZDv 2017" stellt die Notwendigkeit zur Weiterentwicklung der Inneren Führung heraus und sieht diese durch einen „lebendigen Dialog der Soldatinnen und Soldaten untereinander und mit Personen und Institutionen außerhalb der Bundeswehr gefördert."[302] Dabei führt die Vorschrift jedoch nicht weiter aus, wie dies zu verstehen ist oder etwa ablaufen soll. Die „ZDv 1993" hat diesbezüglich noch konkreter ausgeführt und Hinweise auf besonders relevante Stellen sowie das Vorgehen gegeben: „Den Ansprüchen der Inneren Führung folgend, soll diese Weiterentwicklung das Ergebnis eines lebendigen Dialoges […] sein. Das Zentrum Innere Führung, die im Aufgabenverbund Innere Führung zusammengeschlossenen Dienststellen und der Beirat für Fragen der Inneren Führung beteiligen sich an der Diskussion, beurteilen die Ergebnisse im Hinblick auf die Weiterentwicklung […], legen dem Bundesminister der Verteidigung entsprechende Empfehlungen vor und wirken an der Umsetzung mit." In Nummer 110 führt die „ZDv 1993" außerdem aus, dass Entwicklungen in der Gesellschaft wegen der Besonderheiten des militärischen Dienstes nicht ohne sorgfältige Prüfung in die Bundeswehr übernommen werden können.

Interessant ist ein Einblick, welchen Kutz in die Arbeitsweise des Referates Innere Führung unter Baudissin gibt. So liefen Tagungen unter Einbindung von Experten aus dem wissenschaftlich, universitären Bereich zumeist nach

---

[302] „ZDv 2017", Nummer 108

dem gleichen Muster ab. Vertreter des Referates stellten zunächst ihre eigenen Überlegungen vor. In der darauffolgenden Diskussion mit den eingeladenen Wissenschaftlern und Tagungsteilnehmern versuchten die Referatsvertreter, Bestätigung für ihre Auffassungen zu erlangen oder notwendige Korrekturen auszudiskutieren. Die Ergebnisse der Tagungen wurden schließlich genutzt, um die eigenen Vorstellungen bestätigt zu sehen oder ggf. anzupassen.[303] Über die Wissenschaft hinaus nahmen natürlich auch der politische Raum, die Kirchen und ein breites Spektrum an Interessen- und Berufsverbänden regen Anteil an der Entwicklung des künftigen Inneren Gefüges, dabei wurden sie von den Planern im Amt Blank zur Unterstützung aufgerufen.[304] Das Vorgehen an sich ist nicht wirklich überraschend, es macht jedoch deutlich, dass das Referat zunächst eigene und recht konkrete Überlegungen angestellt und auch versucht hat, diese gegen Expertenkritik zu verteidigen. Dabei muss das Referat Innere Führung unter Baudissin quasi als „Kerngruppe" der konzeptionellen Arbeit angesehen werden.

Es scheint ratsam, sich im Hinblick auf eine künftige Weiterentwicklung der Inneren Führung an diesem Vorgehen zu orientieren; Anlage 4/1 stellt die Weiterentwicklungsebenen und Zwischenziele sowie die Empfehlung zum Vorgehen graphisch dar. Dabei sollte mit Bedacht ausgewählt werden, an welcher Stelle des Weiterentwicklungsprozesses welche Experten und welche externen „Inputs" einbezogen werden sollten. Nur so kann nach hiesiger Bewertung gewährleistet werden, dass die Zielsetzung der Weiterentwicklung nicht aus dem Auge verloren wird. Denn es darf nicht vergessen werden, dass die Innere Führung sehr wohl auf externe Erkenntnisse und Anregungen baut, diese wahrnimmt und einbezieht. Dennoch, schlussendlich ist die Innere Führung **eine Philosophie aus der Bundeswehr, für die Bundeswehr**. Ihr Ziel ist und bleibt es, einen wesentlichen Beitrag zur Einsatzbereitschaft und Einsetzbarkeit der Bundeswehr zu leisten. Dabei übersetzt sie ge-

---

[303] Kutz 2006, Seite 180
[304] Vgl. Kai Uwe Bormann: Die Erziehung des Soldaten: Herzstück der Inneren Führung; in: Schlaffer 2007, Seite 117

sellschaftliche, politische und rechtliche Vorgaben quasi als Transmissionsriemen in das Militär. Die Bundeswehr verfügt über eigene Modelle und Fähigkeiten, die zum strukturierten Erfassen und Bearbeiten komplexer Sachverhalte durch das Militär selbst entwickelt wurden. Es gilt, sich an diese Fähigkeiten zu erinnern und sie durchaus selbstbewusst zur Wirkung zu bringen, ohne sich blind gegenüber konstruktiven Gedanken von außerhalb zu machen.

Die „ZDv 1993" brachte es auf den Punkt: „Die Streitkräfte müssen sich überzeugend gegenüber Politik und Öffentlichkeit darstellen und vertreten können."[305] So sah Baudissin vor allem die Bundeswehr selbst in der Pflicht und richtete seine Aufforderungen zur Weiterentwicklung regelmäßig an dieselben Adressatengruppen:[306]

- die „vor Ort" militärisch Verantwortlichen für Führung, Ausbildung, Bildung und Erziehung.

- die Ebene der militärischen Dienstaufsicht „oben", welche er für das „Versagen der Inneren Führung" (1968) geißelte und von ihr die strikte Durchsetzung der Konzeption forderte.

- die Ebene der Politik, Politiker und Parteien und speziell die Verteidigungsminister. Sie seien politisch dafür verantwortlich, die Konzeption durchzusetzen, und dürften die Bundeswehr bei deren Weiterentwicklung nicht alleine lassen.

- die Gesellschaft, deren öffentliches Desinteresse an Fragen der Bundeswehr er monierte.

---

[305] „ZDv 1993", Nummer 110
[306] Vgl. Claus von Rosen: Erfolg oder Scheitern der Inneren Führung aus Sicht Wolf Graf von Baudissin; in: Schlaffer 2007, Seite 225f

# 4 Schluss

Es scheint, als habe sich das Verständnis über die Innere Führung bzw. die Schwerpunktsetzung in ihrer Verschriftlichung im Laufe der Jahre geändert. Dabei ist ihre **innere Logik** zumindest teilweise verloren gegangen. Hierin scheint auch eine Erklärung für ihre Entwicklung hin zum „weichen Welle-Konzept" zu liegen. Die künftige Weiterentwicklung der Inneren Führung sollte demnach nicht nur die aktuelle Vorschrift sowie heutige Debatten als Ausgangspunkt nehmen, sondern ganz bewusst auch eine grundlegende Analyse der „einstmaligen" Inneren Führung im Sinne Baudissins voranstellen. Die hiermit vorgelegten Empfehlungen folgen vor allem dieser Erkenntnis. Dabei sollte die Innere Führung (wieder) in sich schlüssig, nachvollziehbar und verständlich sein; siehe Anlagen 2 sowie 5/1.

Um Missverständnisse im Zuge einer künftigen Weiterentwicklung ausschließen zu können, sollte bewusst zwischen der Kritik an der „Philosophie der Inneren Führung" an sich und der Kritik an ihrer Darreichung und Vermittlung unterschieden werden. Die Klarheit und ein gemeinsames Verständnis bzgl. der Philosophie ist dabei die notwendige Voraussetzung für die darauf aufbauende Darreichung und Vermittlung.

Der **Kernbestand** der Inneren Führung ist gemäß der aktuellen Vorschrift unveränderbar. Dieser wird jedoch an keiner Stelle beschrieben. Er wird hier verstanden als „freiheitlich, demokratische Werte in und durch die Bundeswehr in Grundbetrieb sowie Einsatz". Er ist darüber hinaus vielmehr Kernforderung als Kernbestand.

Eine besonders gravierende Veränderung hat die Innere Führung in Bezug auf die ihr zugeschriebene **Zielsetzung** erfahren. Aus dem einstmaligen „Beitrag zur Schlagkraft der Bundeswehr" wurde zu Beginn der 1980er Jahre das heute gebräuchliche „LIMO-Prinzip". Hierin ist ein weiterer Beitrag zum „weiche Welle-Image" der Inneren Führung zu sehen. Sollte die künftige Weiterentwicklung der Inneren Führung einen stärkeren Einsatzbezug verfolgen, so empfiehlt es sich, die Zielsetzung der Inneren Führung in besonderem Maße zu betrachten. Im Grunde kann die Zielsetzung auf folgende, einfache Formel gebracht werden: **Einsatzbereitschaft (durch Äußere**

**Führung) + Einsetzbarkeit (durch Innere Führung) = Schlagkraft der Bundeswehr.**

Das angenommene **Kriegsbild** stellt eine bedeutende Eingangsgröße für die Entwicklung des Soll-Zustandes von Streitkräften dar. Dies gilt für Ableitungen zur „Äußeren" wie zur „Inneren Führung" gleichermaßen. Das einstmalige Kriegsbild vom „permanenten Bürgerkrieg" weist große Parallelen zu heutigen „hybriden Krisen, Konflikten und Kriegen" auf. Die Annahmen und Ableitungen der „baudissinschen" Inneren Führung erfahren dadurch eine Renaissance. Sie sollten daher verstärkten Eingang in Überlegungen zu einer künftigen Weiterentwicklung der Inneren Führung finden.

Bevor gesellschaftliche, technologische, politische oder wissenschaftliche **Trends und Entwicklungen** im Rahmen der Weiterentwicklung der Inneren Führung wirksam werden, sollten diese sachlich, kritisch in ihren Wechselwirkungen zur Inneren Führung hinterfragt werden. In den vorliegenden Empfehlungen wurden hierfür drei Prüffragen entwickelt.

Wenn eingangs empfohlen wird, dass die Innere Führung in sich (wieder) schlüssig, nachvollziehbar und verständlich sein müsse, dann sollten die sog. **Gestaltungsfelder** gemäß der aktuellen Regelung bezüglich ihres Aussagewertes und Nutzens für die Philosophie der Inneren Führung kritisch hinterfragt werden. Nach hiesiger Bewertung bieten sie keinen Beitrag zur Erklärung der grundlegenden Logik der Inneren Führung. Im Zuge einer Revision der Gestaltungsfelder sollten der Stellenwert der **Persönlichkeitsbildung** für die Entwicklung des **beruflichen Selbstverständnisses** sowie der Stellenwert der **zeitgemäßen Menschenführung** und des **Miteinanders** für die **Gestaltung der Inneren Ordnung** stärkere Beachtung finden und als die beiden, künftigen Gestaltungsfelder der Inneren Führung gesetzt werden; siehe Anlage 5/1.

Als erster, richtungsweisender Schritt im Rahmen der Weiterentwicklung der Inneren Führung sollte zunächst einmal ein klares (Arbeits-)Verständnis der Inneren Führung entwickelt werden, bevor der Weiterentwicklungsprozess in eine breit angelegte, verschiedene „Stakeholder" einbeziehende Phase übergeht. Dazu wird an dieser Stelle nachfolgende **Definition** angeboten und zur

Diskussion innerhalb der „InFü-Community" bzw. mit der Weiterentwicklung befasster Stellen gestellt:

*Innere Führung:* **umfassende Organisationsphilosophie** *der Bundeswehr, welche ihr* **Selbstverständnis als „Armee in der Demokratie"** *beschreibt und mit ihren Aussagen zur* **Führungsphilosophie** *und dem* **Berufsleitbild des „Staatsbürgers in Uniform"** *(evtl. Staatsbürgers in der Bundeswehr) verbindliche Vorgaben für den Dienst in der Bundeswehr macht, um somit (in Ergänzung zur Äußeren Führung) einen* **grundlegenden Beitrag zur Einsetzbarkeit** *der Streitkräfte/Bundeswehr zu leisten.*

Als Philosophie beschreibt sie den Soll-Zustand der geistig-sittlichen Verfasstheit der Streitkräfte/Bundeswehr. In ihrer konsequenten Umsetzung im täglichen Dienst - in Grundbetrieb wie Einsatz - wird sie zur gelebten Organisationskultur. Dabei sollte sie dahingehend weiterentwickelt werden, dass sie zu einer „echten, gemeinsamen" Organisationsphilosophie für alle Angehörigen der Bundeswehr wird.

# Anlage 1/1 – Vergleich der Vorschriften und Dokumente zur Inneren Führung

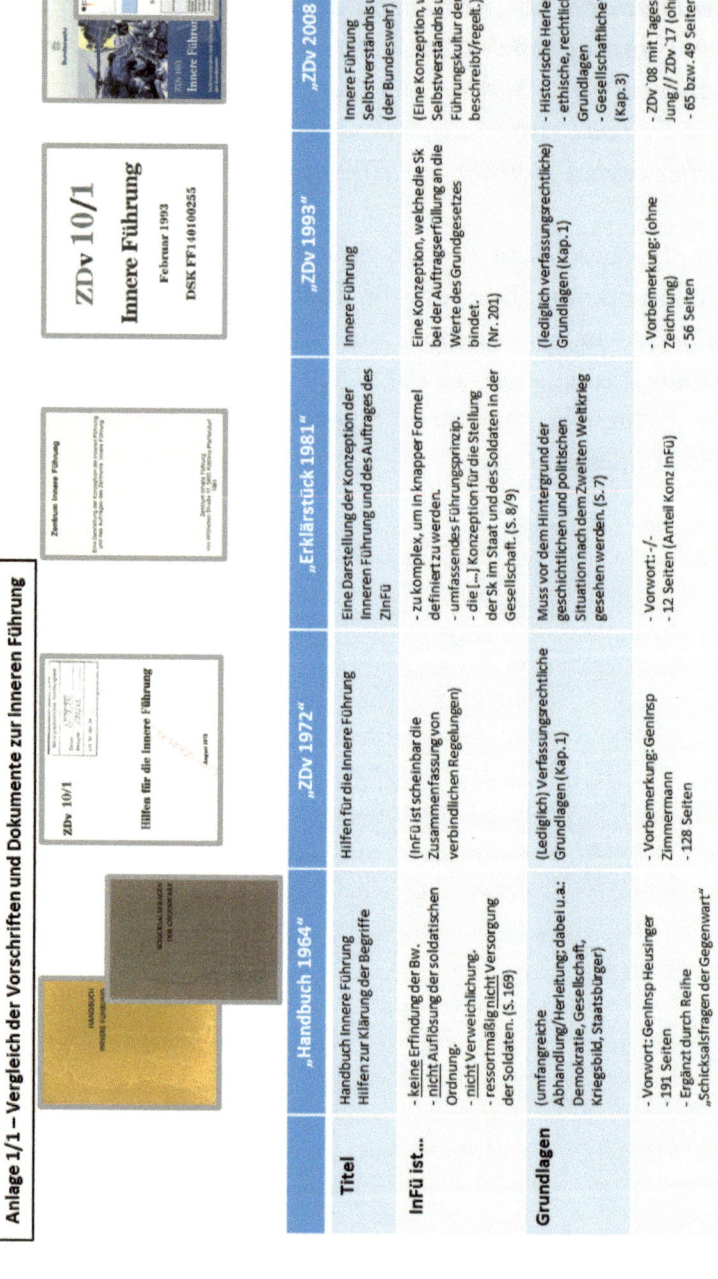

| | „Handbuch 1964" | „ZDv 1972" | „Erklärstück 1981" | „ZDv 1993" | „ZDv 2008 bzw. 2017" |
|---|---|---|---|---|---|
| **Titel** | Handbuch Innere Führung Hilfen zur Klärung der Begriffe | Hilfen für die Innere Führung | Eine Darstellung der Konzeption der Inneren Führung und des Auftrages des ZInFü | Innere Führung | Innere Führung Selbstverständnis und Führungskultur (der Bundeswehr) |
| **InFü ist...** | - keine Erfindung der Bw. - nicht Auflösung der soldatischen Ordnung. - nicht Verweichlichung. - ressortmäßig nicht Versorgung der Soldaten. (S. 169) | (InFü ist scheinbar die Zusammenfassung von verbindlichen Regelungen) | - zu komplex, um in knapper Formel definiert zu werden. - umfassendes Führungsprinzip. - die [...] Konzeption für die Stellung der Sk im Staat und des Soldaten in der Gesellschaft. (S. 8/9) | Eine Konzeption, welche die Sk bei der Auftragserfüllung an die Werte des Grundgesetzes bindet. (Nr. 201) | (Eine Konzeption, welche das Selbstverständnis und die Führungskultur der Bw beschreibt/regelt.) |
| **Grundlagen** | (umfangreiche Abhandlung/Herleitung; dabei u.a.: Demokratie, Gesellschaft, Kriegsbild, Staatsbürger) - Vorwort: GenInsp Heusinger - 191 Seiten - Ergänzt durch Reihe „Schicksalsfragen der Gegenwart" | (Lediglich) Verfassungsrechtliche Grundlagen (Kap. 1) - Vorbemerkung: GenInsp Zimmermann - 128 Seiten | Muss vor dem Hintergrund der geschichtlichen und politischen Situation nach dem Zweiten Weltkrieg gesehen werden. (S. 7) - Vorwort: -/- - 12 Seiten (Anteil Konz InFü) | (lediglich verfassungsrechtliche) Grundlagen (Kap. 1) - Vorbemerkung: (ohne Zeichnung) - 56 Seiten | - Historische Herleitung (Kap. 2) - ethische, rechtliche & politische Grundlagen - Gesellschaftliche Vorgaben (Kap. 3) - ZDv 08 mit Tagesbefehl BMin Dr. Jung // ZDv '17 (ohne) - 65 bzw. 49 Seiten |

**Anlage 1/2 – Vergleich der Vorschriften und Dokumente zur Inneren Führung**

| | „Handbuch 1964" | „ZDv 1972" | „Erklärstück 1981" | „ZDv 1993" | „ZDv 2008 bzw. 2017" |
|---|---|---|---|---|---|
| **Ziele der InFü** | Die einzig legitime Frage: Wie kann die deutsche Bw in der Mitte des 20. Jh zu einem Instrument von höchster Schlagkraft werden? (S. 17) | Die Innere Führung dient der Einsatzbereitschaft der Bundeswehr im Rahmen unserer rechtlichen Ordnung. (Nr. 206) | Verständnis für 1. Sk in Staat & Gesellschaft 2. Soldat in der Gesellschaft 3. Notwendigkeit gemeinsamer Überzeugungen im militär. Beruf 4. Tradition in den Sk Und 5. Gestaltung der Inneren Ordnung 6. Menschenführung 7. Politische Bildung 8. Betreuung und Fürsorge Ferner - Legitimation - Integration - Motivation | - Begründung für soldat Dst - Integration der Bw & Sdt - Bschft zur Pflichterfüllung - Innere Ordnung der Sk (Nr. 202) | - Legitimation - Integration - Motivation - Innere Ordnung (Kap. 4) |
| **Aufgaben der InFü** | 1. Geistige Rüstung 2. Zeitgemäße Menschenführung (notw Ergänz zur äußeren Fü) (S. 169) | Pflichterfüllung durchzusetzen & zugleich Rechte zu garantieren (Nr. 202) | -/- | Spannungen auszugleichen und zu ertragen helfen (Nr. 201) | InFü bestimmt die Gesamtheit von Fü, Ausb & Erziehung. Sie ist in diesem Verständnis keine eigenständige Aufgabe [...] (Nr. 503) |
| **Leitbild** | Leitbild: Staatsbürger in Uniform (eigenes Unterkapitel ab S. 41) | (lediglich einmalige Nennung) So ist der Soldat der Bw, hergeleitet aus den Grundzügen unseres Verfassungsstaates, ein „SiU", der allgemeine Rechte und besondere Pflichten hat. (Nr. 109) | Zentraler Begriff der konz ist der „SiU". Er ist verfassungspolitisches Leitbild und ein soldatisches Erziehungsideal (S. 10) | Ziele werden im „SiU" verdeutlicht, das idealtypisch die Forderungen an den Soldaten der Bw beschreibt: - freie Persönlichkeit - verantwortungsbewußter Staatsbürger - für Auftrag einsatzbereit zu halten (Nr. 203) | - „SiU" (Nr. 402, Beschreibung wie ZDv 93) - Anforderungen an Vorgesetze & Soldaten (Nr. 403) - Soldatischer Wertekanon (Nr. 507) - Kernkompetenzen (Nr. 508) |

**Anlage 1/3 – Vergleich der Vorschriften und Dokumente zur Inneren Führung**

| | „Handbuch 1964" | „ZDv 1972" | „Erklärstück 1981" | „ZDv 1993" | „ZDv 2008 bzw. 2017" |
|---|---|---|---|---|---|
| **Leitsätze** | (31) Leitsätze für Menschenführer (eigenes Kap. ab S. 91) | 28 Leitsätze für Vorgesetzte (Kap. 3) | (Leitsätze = „Grundsätze der Inneren Führung"; insgesamt 10 Grds = 5x der Soldat soll + 5x der Vorgesetzte soll) (S.12) | Leitsätze für die Praxis der InFü (insgesamt 12 Leitsätze für alle Soldaten & Vorgesetzte) (Anl.1) | Leitsätze für Vorgesetzte (10 Leitsätze) (Anl.7.1) |
| **„Bereiche"** | Gliederung im FüStab, Arbeitsgebiete:<br>- Wehrwesen<br>- Disziplinarwesen<br>- Erziehungs-& Bildungswesen<br>- Truppeninformation<br>- Truppenbetreuung<br>(S.172) | Verweise in Anhang, Teil I auf Menschenführung in den<br>- Streitkräften<br>- Politische<br>- Bildung/Truppeninformation<br>- Wehrrecht/Soldatische Ordnung<br>- Betreuung/Fürsorge<br>- Ausbildung/Erziehung/ Bildung<br>- Personalangelegenheiten<br>- Militärseelsorge<br>- Öffentlichkeitsarbeit/ Nachwuchswerbung/ Repräsentation<br>- Hilfeleistungen der Bundeswehr im Frieden | Für Zwecke der Ausbildung werden unterschieden<br>- Menschenführung<br>- Betreuung & Fürsorge<br>- Politische Bildung<br>- Wehrrecht & soldatische Ordnung<br>- Ausbildungs-pädagogik<br>Keine voneinander abgegrenzte Teilbereiche, sondern in enger Beziehung zueinander & sich ggseitig bedingend | Anwendungsbereiche:<br>- Menschenführung<br>- Personalführung<br>- Recht & soldatische Ordnung<br>- Betreuung & Fürsorge<br>- Sanitätsdienstliche Versorgung<br>- Militärseelsorge<br>- Dienstgestaltung & Ausbildung<br>- Informationsarbeit<br>- Organisation | Hauptsächliche Gestaltungsfelder<br>- Menschenführung<br>- Politische Bildung<br>- Recht und soldat. Ordnung<br>Weitere Gestaltungsfelder<br>- Dienstgestaltung & Ausbildung<br>- Informationsarbeit<br>- Organisation & Personalführung<br>- Fürsorge & Betreuung<br>- Vereinbarkeit Familie & Dienst<br>- Seelsorge & Religionsausübung<br>- Sanitätsdienstliche Versorgung |
| **Aussagen zur WE** | - Kein für alle Zeiten gültiges Dogma. Dennoch keine Unverbindlichkeit+ken und geistige Spielereien. (Vorwort)<br>- Im Erfahrungsaustausch mit der Truppe neu auftretende Fragen klären (S.172) | - Vorschrift für notwendig werdende Anpassungen offen (Vorbemerkung 8)<br>- Grundsätze und Praxis der InFü bleiben für geistige, politische und technische Entwicklung in der Gesellschaft offen. (Nr. 205) | Um diesen 3 Zielen gerecht zu werden, muß die Konzeption der InFü ständig den Erfordernissen der Sk angepaßt und weiterentwickelt werden. Es gilt politische, soziale, technische, wissenschaftliche und militärische Entwicklungen zu erkennen, zu analysieren, auszuwerten und umzusetzen. (S. 9) | - Die Konz der InFü ist im Hinblick auf die Veränderungen der militärischen Rahmenbedingungen und auf die Entwicklung in Staat, Gesellschaft und Technik fortlaufend zu überprüfen und den Gegebenheiten anzupassen.<br>- Lebendiger Dialog (Vorbem 6)<br>- Wegen der Besonderheiten des mil Dstes können Entwicklungen in der Gesellschaft nicht ohne sorgfältige Prüfung in die Bw übernommen werden. (Nr. 110) | - (erstmalig:) Kernbestand der InFü ist unveränderbar (allerdings keine Erklärung, was dieser ist).<br>- Notwendigkeit zur WE durch politische, wirtschaftliche und gesellschaftliche Veränderungen<br>- Lebendiger Dialog (Nr. 108) |

**Anlage 2 – Graphische Darstellung zur Inneren Führung**

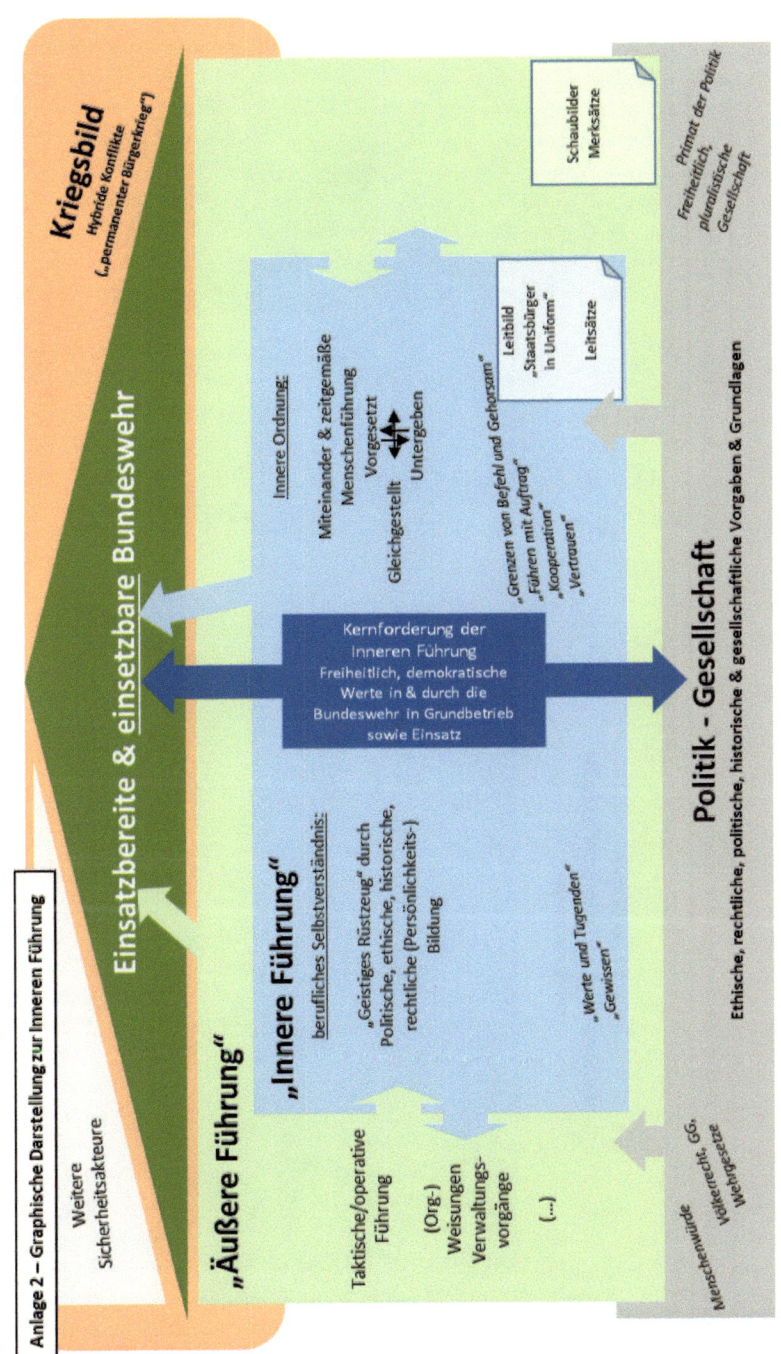

Kriegsbild
Hybride Konflikte
(„permanenter Bürgerkrieg")

Einsatzbereite & einsetzbare Bundeswehr

„Äußere Führung"

„Innere Führung"

berufliches Selbstverständnis:

„Geistiges Rüstzeug" durch
Politische, ethische, historische,
rechtliche (Persönlichkeits-)
Bildung

„Werte und Tugenden"
„Gewissen"

Taktische/operative
Führung

(Org-)
Weisungen
Verwaltungs-
vorgänge

(...)

Weitere
Sicherheitsakteure

Innere Ordnung:

Miteinander & zeitgemäße
Menschenführung
Vorgesetzt
Gleichgestellt ⇄
Untergeben

„Grenzen von Befehl und Gehorsam"
„Führen mit Auftrag"
„Kooperation"
„Vertrauen"

Kernforderung der
Inneren Führung
Freiheitlich, demokratische
Werte in & durch die
Bundeswehr in Grundbetrieb
sowie Einsatz

Leitbild
„Staatsbürger
in Uniform"
Leitsätze

Schaubilder
Merksätze

Politik - Gesellschaft

Ethische, rechtliche, politische, historische & gesellschaftliche Vorgaben & Grundlagen

Primat der Politik
Freiheitlich,
pluralistische
Gesellschaft

Menschenwürde, GG,
Völkerrecht,
Wehrgesetze

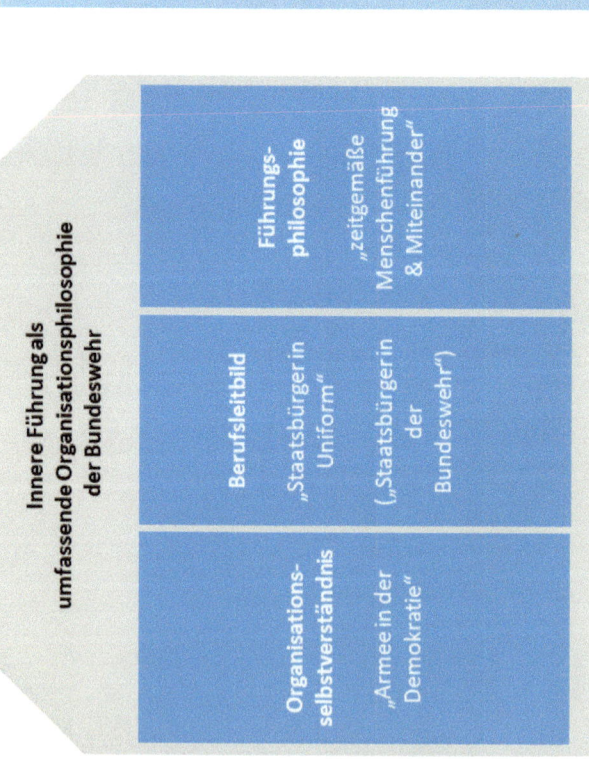

**Alle Angehörigen der Bundeswehr**

**Alle Vorgesetzten in der Bundeswehr**

**Alle Soldaten**

**Innere Führung als umfassende Organisationsphilosophie der Bundeswehr**

**Organisations-selbstverständnis**

„Armee in der Demokratie"

**Berufsleitbild**

„Staatsbürger in Uniform"

(„Staatsbürger in der Bundeswehr")

**Führungs-philosophie**

„zeitgemäße Menschenführung & Miteinander"

**Anlage 4/1 – Weiterentwicklungsebenen und Zwischenziele**

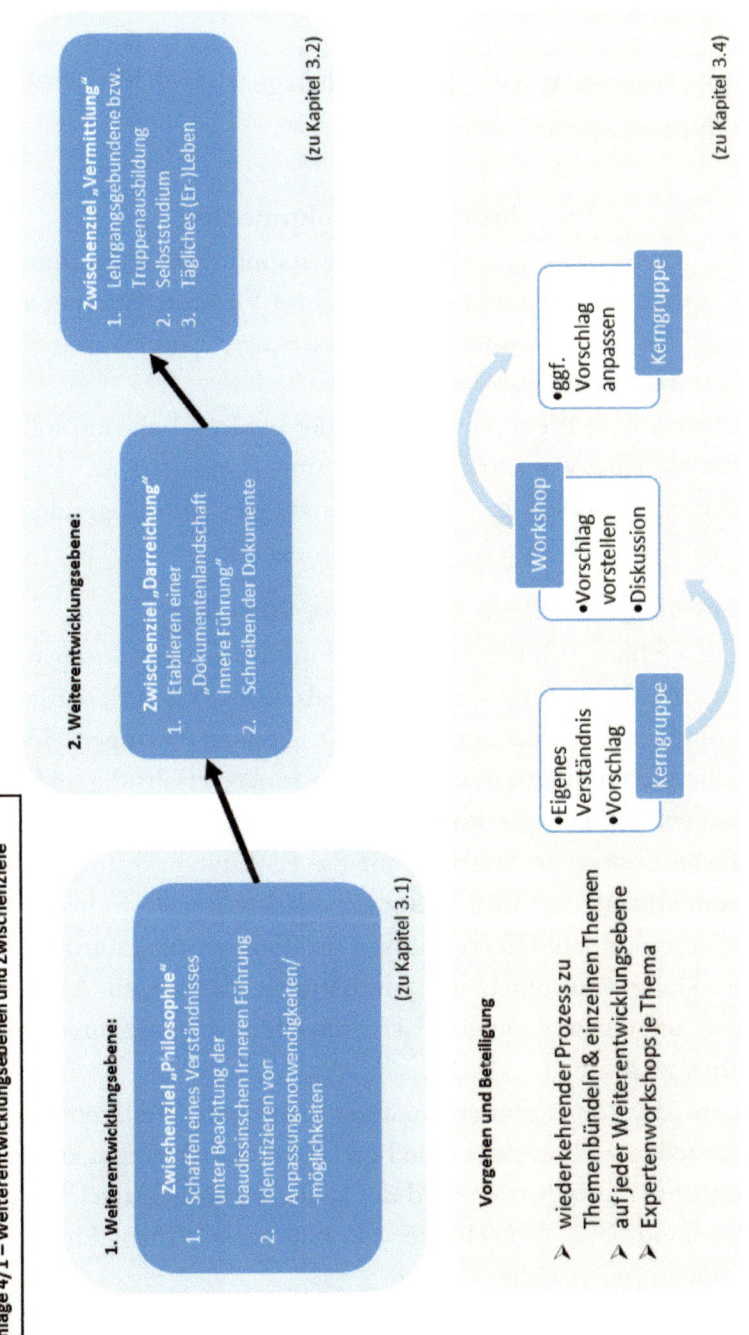

**2. Weiterentwicklungsebene:**

**Zwischenziel „Vermittlung"**
1. Lehrgangsgebundene bzw. Truppenausbildung
2. Selbststudium
3. Tägliches (Er-)Leben

(zu Kapitel 3.2)

**Zwischenziel „Darreichung"**
1. Etablieren einer „Dokumentenlandschaft Innere Führung"
2. Schreiben der Dokumente

**1. Weiterentwicklungsebene:**

**Zwischenziel „Philosophie"**
1. Schaffen eines Verständnisses unter Beachtung der baudissinschen Inneren Führung
2. Identifizieren von Anpassungsnotwendigkeiten/-möglichkeiten

(zu Kapitel 3.1)

(zu Kapitel 3.4)

**Kerngruppe**
- Eigenes Verständnis
- Vorschlag

**Workshop**
- Vorschlag vorstellen
- Diskussion

**Kerngruppe**
- ggf. Vorschlag anpassen

**Vorgehen und Beteiligung**

➢ wiederkehrender Prozess zu Themenbündeln & einzelnen Themen
➢ auf jeder Weiterentwicklungsebene
➢ Expertenworkshops je Thema

133

# Anlage 4/2
# Zusammenfassung der Feststellungen und Empfehlungen für die Weiterentwicklung

## 1.1 Vergleich von Vorschriften und Dokumenten

➤ Es scheint, als habe sich das Verständnis über die Innere Führung bzw. die Schwerpunktsetzung in ihrer Verschriftlichung im Laufe der Jahre geändert. Dabei scheint ihre innere Logik zumindest teilweise verloren gegangen zu sein.

➤ Die künftige Weiterentwicklung der Inneren Führung sollte nicht nur die aktuelle Vorschrift sowie heutige Debatten als Ausgangspunkt nehmen, sondern ganz bewusst auch eine grundlegende Analyse der einstmaligen Inneren Führung voranstellen.

## 1.2 Gegenwärtige Kritik an der Inneren Führung

➤ Die Debatte um die Innere Führung ist geprägt durch Bundeswehr-externe Experten, welche oftmals über wissenschaftliche Hintergründe aus unterschiedlichen Disziplinen verfügen. Dem wissenschaftlich fundierten Anspruch der Inneren Führung inklusive der damit einhergehenden kontroversen Debatte wird somit entsprochen.

➤ Insbesondere im Hinblick auf die Einsatzbewährung sollten jedoch zunehmend auch im Einsatz verwendete Bundeswehrangehörige Beachtung finden. Hierzu müssen im Rahmen der künftigen Weiterentwicklung vermutlich wissenschaftliche Methoden Anwendung finden, um die individuellen Erfahrungen und Bewertungen nutzbar machen zu können.

➤ Um Missverständnisse in einer künftigen Weiterentwicklung ausschließen zu können, sollte bewusst zwischen Kritik an der „Theorie der Inneren Führung" und der Kritik an ihrer Darreichung und Vermittlung (i.S.v. Vorschriften/Dokumenten, Ausbildung und Umsetzung) unterschieden werden.

## 1.4 Eigene Bewertung der Inneren Führung

- ➤ Innere Führung muss wieder in sich schlüssig sein. Dabei: Überdenken der Zielsetzung der Inneren Führung als Ausgangspunkt für schlüssige Ableitungen und statthaftem Bewertungsmaßstab.
- ➤ Die einstmalige Innere Führung ist gerade vor dem Hintergrund des heutigen Auslandseinsatzes aktueller denn je.
- ➤ Sie bewährt sich im Einsatz. Wichtiger noch: Sie ist wesentliche Grundlage für die Bewährung der Bundeswehr im Einsatz. Ihr konkreter Mehrwert für den Erfolg im Einsatz muss deutlicher herausgestellt und vermittelt werden.
- ➤ Die aktuellen Gestaltungsfelder sind bezüglich ihres Aussagewertes und Nutzens für die Innere Führung kritisch zu hinterfragen.
- ➤ „Schwere Kost, gut verdaut" - die Verständlichkeit ist ebenengerecht aufzubereiten, dabei ist ihr Bekanntheitsgrad zu steigern.

## 2.1 Kernbestand bzw. Kernforderung der Inneren Führung

- ➤ Der Kernbestand bzw. die Kernforderung der Inneren Führung ist unveränderlich. Sie wird hier verstanden als: „Freiheitlich, demokratische Werte in und durch die Bundeswehr in Grundbetrieb sowie Einsatz." (siehe I.3 sowie Anlage 2)
- ➤ Unveränderliche Kernbestände bzw. -forderungen scheinen ihrer „Benamung" nach wichtig zu sein. Sie sollten daher in künftigen Dokumenten zur Inneren Führung klar beschrieben werden und dürfen keinen Interpretationsspielraum lassen.

## 2.2 Ziel der Inneren Führung

- ➤ Künftige <u>Zielsetzung</u> der Inneren Führung: ihr Beitrag zu „Einsatzbereitschaft und Einsetzbarkeit" der Bundeswehr
- ➤ Künftige <u>Funktion</u> der Inneren Führung: ihr Beitrag zu Legitimation, Integration und Motivation

➤ Durch diese klare Ziel- und Funktionssetzung wird ein belastbares Fundament für die schlüssige Erklärung der Inneren Führung und ihren Mehrwert auf taktischer, operativer und strategischer Ebene sowie das Beziehungsdreieck aus Gesellschaft - Militär - Politik gelegt

## 2.3 Trends, Entwicklungen und ihre Wechselwirkungen mit der Inneren Führung

➤ Bevor gesellschaftliche, technologische, politische oder wissenschaftliche Trends und Entwicklungen im Rahmen der Weiterentwicklung der Inneren Führung wirksam werden, sollten diese sachlich, kritisch in ihren Wechselwirkungen zur Inneren Führung hinterfragt werden. Hierzu werden drei Prüffragen empfohlen:

1. Hat eine konkrete Entwicklung grundsätzliche Auswirkungen auf die Grundannahmen und Ableitungen der Inneren Führung und wenn ja, welche Anpassungsnotwendigkeiten ergeben sich daraus für die Innere Führung? Dabei sind die Chancen und Risiken der jeweiligen Entwicklung genau zu betrachten.

2. Wie kann eine Entwicklung im Sinne der Inneren Führung genutzt werden und zur Umsetzung der Ableitungen der Inneren Führung beitragen bzw. diese unterstützen?

3. Wie kann Innere Führung helfen, mit einer konkreten Entwicklung, welche nicht zu einer Anpassungsnotwendigkeit der Inneren Führung selbst führt, umzugehen?

➤ Dazu ist es natürlich zunächst einmal notwendig ein gemeinsames Verständnis von Innerer Führung zu entwickeln, bevor man in eine betriebsame Optimierungshektik verfällt.

➤ Die Weiterentwicklungsforderung nach der Beachtung entsprechender Entwicklungen wird hier vor allem so verstanden, als dass sie im Rahmen der optimierten Umsetzung der Inneren Führung, weniger zu ihrer inhaltlichen Abänderung beitragen sollen.

## 2.4 Kriegsbild - vom „permanenten Bürgerkrieg" zu „hybriden Bedrohungen"

➢ Das Kriegsbild stellt eine bedeutende Eingangsgröße für die Entwicklung des Soll-Zustandes von Streitkräften dar. Dies gilt für Ableitungen zur „Äußeren" wie zur „Inneren Führung" gleichermaßen.

➢ Außerdem dient es der Verständlichmachung von politischen und militärischen Entscheidungen.

➢ Das einstmalige Kriegsbild vom „permanenten Bürgerkrieg" weist große Parallelen zu heutigen „hybriden Krisen, Konflikten und Kriegen" auf.

➢ Einstmalige Annahmen und Ableitungen der Inneren Führung erfahren dadurch eine Renaissance. Sie sollten daher verstärkten Eingang in Überlegungen zu einer künftigen Weiterentwicklung der Inneren Führung finden.

➢ Dadurch könnte auch ein wichtiger Beitrag für die Integration der Bundeswehr in die Gesellschaft geleistet werden.

## 2.5 Stellenwert der Persönlichkeitsbildung und des beruflichen Selbstverständnisses

➢ Die Vermittlung „geistigen Rüstzeuges" im Rahmen der politischen, historischen, rechtlichen und ethischen (Persönlichkeits-)Bildung sollte künftig eine stärkere Berücksichtigung finden.

➢ Konkrete Vorgaben für das berufliche Selbstverständnis sollten entlang der aktuellen Realitäten und Notwendigkeiten entwickelt werden.

➢ Vor diesem Hintergrund sind auch die aktuellen Gestaltungsfelder der Inneren Führung kritisch zu hinterfragen und ggf. grundlegend neu anzulegen. Dabei wird empfohlen, die „Persönlichkeitsbildung" als eines der beiden künftigen Gestaltungsfelder der Inneren Führung zu etablieren.

➢ Das Leitbild des „Staatsbürgers in Uniform" ist entsprechend weiterzuentwickeln. Seine Herleitung und Beschreibung ist nachvollziehbarer zu gestalten.

➢ Auch sollten künftige Leitsätze entsprechend angepasst werden.

## 2.6 Stellenwert der zeitgemäßen Menschenführung und des Miteinanders

➢ Konkrete Vorgaben für die Führungsphilosophie sollten entlang der aktuellen Realitäten und Notwendigkeiten entwickelt werden.

➢ Dabei sollte die Führungsphilosophie als ein komplexes Gesamtsystem verstanden werden, welches nicht nur das Verhältnis Vorgesetzter-Untergebener betrachtet.

➢ Vor diesem Hintergrund sind auch die aktuellen Gestaltungsfelder der Inneren Führung kritisch zu hinterfragen und ggf. grundlegend neu anzulegen. Dabei wird empfohlen, das „Miteinander und die zeitgemäße Menschenführung" als eines der beiden künftigen Gestaltungsfelder der Inneren Führung zu etablieren.

➢ Auch sollten künftige Leitsätze entsprechend angepasst werden.

## 2.7 Konzeption - Philosophie - Kultur und Geltungsbereich

➢ Die Innere Führung beschreibt grundsätzlich einen Soll-Zustand. Sie hat somit die Eigenschaften einer Organisationsphilosophie für die Bundeswehr. Allerdings hat sie dabei lediglich einen eingeschränkten Geltungsbereich.

➢ Sie sollte, dem Weissbuch 2016 entsprechend, dahingehend weiterentwickelt werden, dass sie sowohl für Soldaten als auch zivile Angehörige der Bundeswehr gilt.

➢ Dazu könnte das Leitbild vom „Staatsbürger in Uniform" zum „Staatsbürger in der Bundeswehr" weiterentwickelt werden.

➢ Es sollten entsprechende Leitsätze entwickelt werden.

Anlage 5/1 – Graphische Darstellung zur Logik der Inneren Führung (Empfehlung)

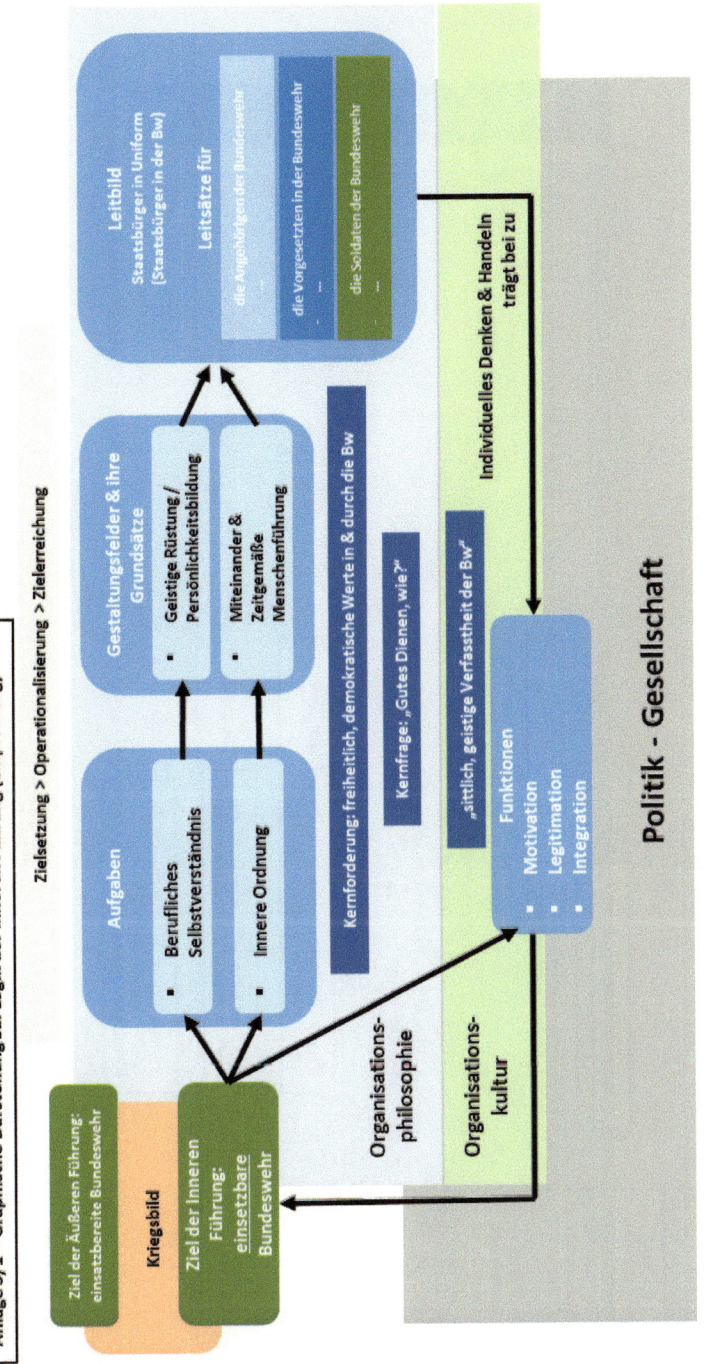

Zielsetzung > Operationalisierung > Zielerreichung

**Anlage 5/2 – Gedankengang und Leitfragen zur Weiterentwicklung der Inneren Führung (Empfehlung)**

**„Innere Führung"**

Kernfrage:
**„Gutes Dienen, wie?"**

**Schritt 9:** Schreiben der Dokumente (siehe Anlage 6)

**Kernforderung der InFü:** Freiheitlich, demokratische Werte in & durch die Bw

**Ziel der InFü:** einsetzbare Bundeswehr

**Funktionen der InFü:**

Beiträge leisten zu
- Legitimation
- Integration
- Motivation

**Gestaltungsfelder der InFü & ihre Grundsätze:**
- 1. geistige Rüstung durch Persönlichkeitsbildung
- 2. Miteinander & zeitgemäße Menschenführung

**Leitbild der InFü:** Staatsbürger in Uniform (> Staatsbürger in der Bw)

**Leitsätze der InFü:**
- Leitsätze für alle Angehörigen der Bw
  - Leitsätze für Soldaten
  - Leitsätze für Vorgesetzte

**Schritt 3:** Was ist der Kern der InFü?

**Schritt 4:** Was ist das Ziel der InFü?

**Schritt 5:** Wie kann InFü zum Ziel beitragen?

**Aufgaben der InFü:**
Vorgaben für
1. das berufliche Selbstverständnis
2. die Innere Ordnung

**Schritt 6:** Wie können die Aufgaben der InFü umgesetzt werden? Welche Grundsätze sind dabei zu beachten?

**Schritt 7:** Wie können die Grundsätze auf den einzelnen Bw Angehörigen übertragen werden?

**Schritt 8:** Wie kann das Leitbild der InFü für den einzelnen Bw Angehörigen konkret/erlebbar gemacht werden?

**Schritt 1:** Was ist der Ausgangspunkt?

**Übergreifendes Ziel: Einsatzbereite & einsatzbare Bundeswehr**

**„Äußere Führung"** (einsatzbereite Bw)

Beitrag zu

**Schritt 2:** Welche Rahmenbedingungen, Grundlagen & Vorgaben gilt es zu beachten? Gibt es Entwicklungen, wenn ja? Wie wirken sich diese auf die weiteren Betrachtungen zur WE der InFü aus?

Historische Herleitung

Ethische, rechtliche, politische & gesellschaftliche Grundlagen & Vorgaben

Trends & Entwicklungen

Kriegsbild

140

**Anlage 5/3 – Aufgaben und Gestaltungsfelder inklusive ihrer Grundsätze (Empfehlung)**

| Aufgaben der InFü | Gestaltungsfelder der InFü |
|---|---|

**Kernforderung der Inneren Führung:**

Freiheitlich, demokratische Werte in & durch die Bundeswehr in Grundbetrieb sowie Einsatz

**Kernfrage der Inneren Führung:** „Gutes Dienen, wie?"

**Berufliches Selbstverständnis**

- Die Einsatzbereitschaft & Einsetzbarkeit der Bw als „Streitkräfte in der Demokratie" ergibt sich aus der „fachlichen Leistungsfähigkeit" & der „sittlich/geistigen Verfasstheit" der einzelnen BwAngehörigen.
- Mit dem Dienst in der Bw sind besondere Ansprüche & Verantwortungen für jeden einzelnen verbunden.
- Grundwerte und Tugenden bilden das Fundament des durch alle BwAngehörigen anzustrebenden beruflichen Selbstverständnisses.

**Innere Ordnung**

- Als „vermenschlichte Organisation" erkennt die Bw den Vorrang des Menschen an und räumt ihm Entfaltungsmöglichkeiten ein.
- Die Innere Ordnung beschreibt die angestrebte „Sozialordnung" (die Atmosphäre) innerhalb der Bw.
- Sie besteht aus folgenden Beziehungen:
  - Unter Gleichgestellten
  - Vorgesetzter > Untergebener
  - Untergebener > Vorgesetzter

**Geistiges Rüstzeug/Persönlichkeitsbildung**

- Vermittlung im Rahmen der historischen, politischen, rechtlichen & ethischen Bildung; Grundwerte & Tugenden müssen erklärt werden
- **Grundwerte** (zu diskutieren; Bsp. „ZDv 2017", Nr 106):
  - Menschenwürde, Freiheit, Frieden, Gerechtigkeit, Gleichheit, Solidarität, Demokratie
- **Tugenden** (zu diskutieren, bspw):
  - („ZDv 2017", Nr 507) tapfer, treu & gewissenhaft, kameradschaftlich & fürsorglich, diszipliniert, fachlich befähigt und lernwillig, wahrhaftig ggü sich & anderen, gerecht, tolerant, aufgeschlossen ggü anderen Kulturen, moralisch urteilsfähig
  - (Jermer) Klugheit, Tapferkeit, Rechtschaffenheit, Ritterlichkeit, Pflichtbewusstsein, Gehorsam, Treue, Demut

**Miteinander** (zu diskutieren, bspw):

- Gegenseitige Achtung & Vertrauen/Vertrauenskultur
- Umgang mit Fehlern/Fehlerkultur
- Grenzen von Befehl und Gehorsam
- Mitarbeit & Mitverantwortung / Initiative & Engagement
- Kameradschaft & Fürsorge
- Sachdisziplin
- Vertikale & horizontale Kohäsion

**Zeitgemäße Menschenführung** (zu diskutieren, bspw):

- Kennen & Ernstnehmen
- Kooperativer & situativer Führungsstil
- „Führen mit Auftrag"
- Personale & Funktionsautorität
- Freiheitliche Hierarchie

---

Leitbild & Leitsätze nehmen die Vorgaben & Grundsätze auf & machen diese somit für den einzelnen Adressaten fassbar & begreiflich

**Leitbild**

**Staatsbürger in Uniform ( bzw. in der Bw)**
- Freie Persönlichkeit
- Verantwortungsbewusster Staatsbürger
- Für Auftrag bzw. Aufgabe (einsatz)bereit

**die Angehörigen der Bundeswehr**
Es handelt derjenige Angehörige der Bw i.S. der InFü, der
...

**die Vorgesetzten in der Bundeswehr**
Es handelt derjenige Vorgesetzte i.S. der InFü, der
...

**die Soldaten der Bundeswehr**
Es handelt der Soldat i.S. der InFü, der
...

141

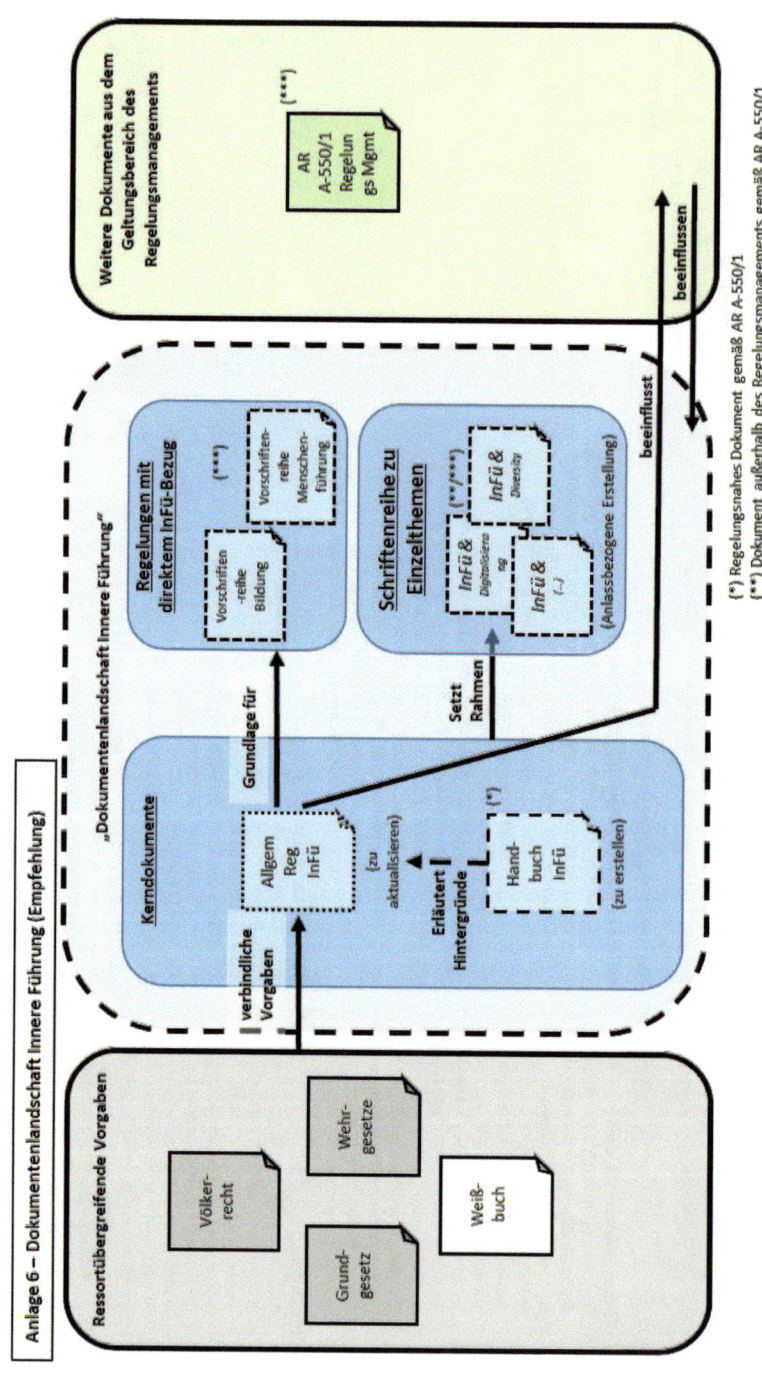

**Anlage 6 – Dokumentenlandschaft Innere Führung (Empfehlung)**

Ressortübergreifende Vorgaben

Völker-recht

Wehr-gesetze

Grund-gesetz

Weiß-buch

"Dokumentenlandschaft Innere Führung"

verbindliche Vorgaben

**Kerndokumente**

Allgem Reg InFü (zu aktualisieren)

Erläutert Hintergründe

Hand-buch InFü (*) (zu erstellen)

Grundlage für

Setzt Rahmen

**Regelungen mit direktem InFü-Bezug (***)**

Vorschriften-reihe Bildung

Vorschriften-reihe Menschen-führung

**Schriftenreihe zu Einzelthemen (**/***)**

InFü & Digitalisierung

InFü & Diversity

InFü & (…) (Anlassbezogene Erstellung)

Weitere Dokumente aus dem Geltungsbereich des Regelungsmanagements

AR A-550/1 Regelungs Mgmt (***)

beeinflusst

beeinflussen

(*) Regelungsnahes Dokument gemäß AR A-550/1
(**) Dokument außerhalb des Regelungsmanagements gemäß AR A-550/1
(***) Beispiele

# Anlage 7
# Gliederungsvorschlag zu einer künftigen Regelung zur Inneren Führung

**1**      **Einleitung/Anspruch**
- Kurzbeschreibung der Inneren Führung als umfassende Organisationsphilosophie der Bundeswehr (inklusive Definition)
- Geltungsbereich
- Abgrenzung Innere und Äußere Führung

**2**      **Grundlagen und Vorgaben**
- Jeweils kurz dargestellt
- Ausführliche Darstellung im „Handbuch"

**2.1**    Historische Grundlagen
- Preußische Reformen
- Nationalsozialismus und Widerstand

**2.2**    Gesellschaftliche Grundlagen

**2.3**    Ethische Grundlagen

**2.4**    Verfassungsrechtliche und politische Vorgaben
- Freiheitlich demokratische Grundordnung
- Wehrverfassung

**2.5**    „Kriegsbild"
- Kurzdarstellung
- Daraus resultierende Herausforderungen für und Anforderungen an den Angehörigen der Bundeswehr

**3.**      **Ziel, Aufgaben und Funktionen der Inneren Führung**

**3.1**    Ziel der Inneren Führung
- Beitrag zu einsatzbereiter und einsetzbarer Bundeswehr

**3.2**    Unveränderbare Kernforderung der Inneren Führung
- Freiheitliche, demokratische Werte in und durch die Bundeswehr

- Kernfrage: „Gutes Dienen, wie?"
- Selbstverständnis der Bundeswehr „Streitkräfte in der Demokratie"

**3.3** Aufgaben und Funktionen der Inneren Führung
- Aufgaben
  - o Entwicklung eines einheitlichen beruflichen Selbstverständnisses, dabei Darstellung des Leitbildes „Staatsbürger in Uniform"/ „Staatsbürger in der Bundeswehr"
  - o Gestaltung der Inneren Ordnung
- Funktionen, Beitrag zu
  - o Motivation
  - o Legitimation
  - o Integration

**4.** **Gestaltungsfelder der Inneren Führung**
**4.1** Vermittlung geistigen Rüstzeuges im Rahmen der Persönlichkeitsbildung, dabei
- Stellenwert der historischen, politischen, rechtlichen und ethischen Bildung
- Grundwerte
- Tugenden

**4.2** Miteinander und zeitgemäße Menschenführung
- Dabei Darstellung der jeweiligen Forderungen

**5** **Anlagen**
**5.1** Leitsätze für
- die Angehörigen der Bundeswehr
- die Vorgesetzten in der Bundeswehr
- für die Soldaten der Bundeswehr

**5.2** Darstellung der wesentlichen Akteure mit Bezug zur Inneren Führung, bspw.
- Wehrbeauftragte des Deutschen Bundestages

- Beirat für Fragen der Inneren Führung
- Zentrum Innere Führung

**5.3** Erläuterung der „Dokumentenlandschaft Innere Führung", dabei
- Kurzdarstellung der Dokumentenlandschaft
- Übersicht über die wichtigsten Gesetze und Regelungen mit Bezug zur Inneren Führung

**5.4** Traditionserlass

**5.5** Stichwortverzeichnis

**5.6** Änderungsjournal

# Anlage 8
# Vorschläge zu möglichen Inhalten eines Handbuches und Themen einer Schriftenreihe

## Inhalte Handbuch

- Orientiert sich an der Allgemeinen Regelung und gibt Hintergrundwissen zu einzelnen (Themen-) Bereichen in Form von Expertenbeiträgen, wie etwa
  - Grundlagenbeitrag zur Erklärung der Logik der Inneren Führung
  - Historische Grundlagen der Inneren Führung (preußische Reformen, Weimarer Verfassung, Widerstand im Dritten Reich)
  - Gesellschaftliche Grundlagen
  - Ethische Grundlagen (Werte und Tugenden)
  - Politische Grundlagen
  - Verfassungsrechtliche Grundlagen zu
    - Freiheitlich Demokratische Grundordnung
    - Wehrverfassung
    - Rechtliche Legitimationsgrundlagen für Einsätze der Bundeswehr
  - „Kriegsbild" und Einsatzrealität
- Darüber hinaus könnten Stimmen zur Inneren Führung in Anlehnung an die ZDv 1972 beigefügt werden (bspw. Bundesministerin der Verteidigung, Generalinspekteur, Wehrbeauftragte des Deutschen Bundestages, weitere Politiker und Experten)

## Themen einer Schriftenreihe („InFü & …")

- Personalführung
- Vereinbarkeit von Familie und Dienst

- Radikalisierung und Extremismus
- Informationsarbeit
- Vielfalt in der Bundeswehr
- Digitalisierung
- Fürsorge und Betreuung
- Umgang mit Tod und Verwundung
- Interkulturelle Kompetenz
- Wolf Graf von Baudissin
- …

**Anlage 9 – Regelkreis zur Vermittlung und Anwendung der Inneren Führung**

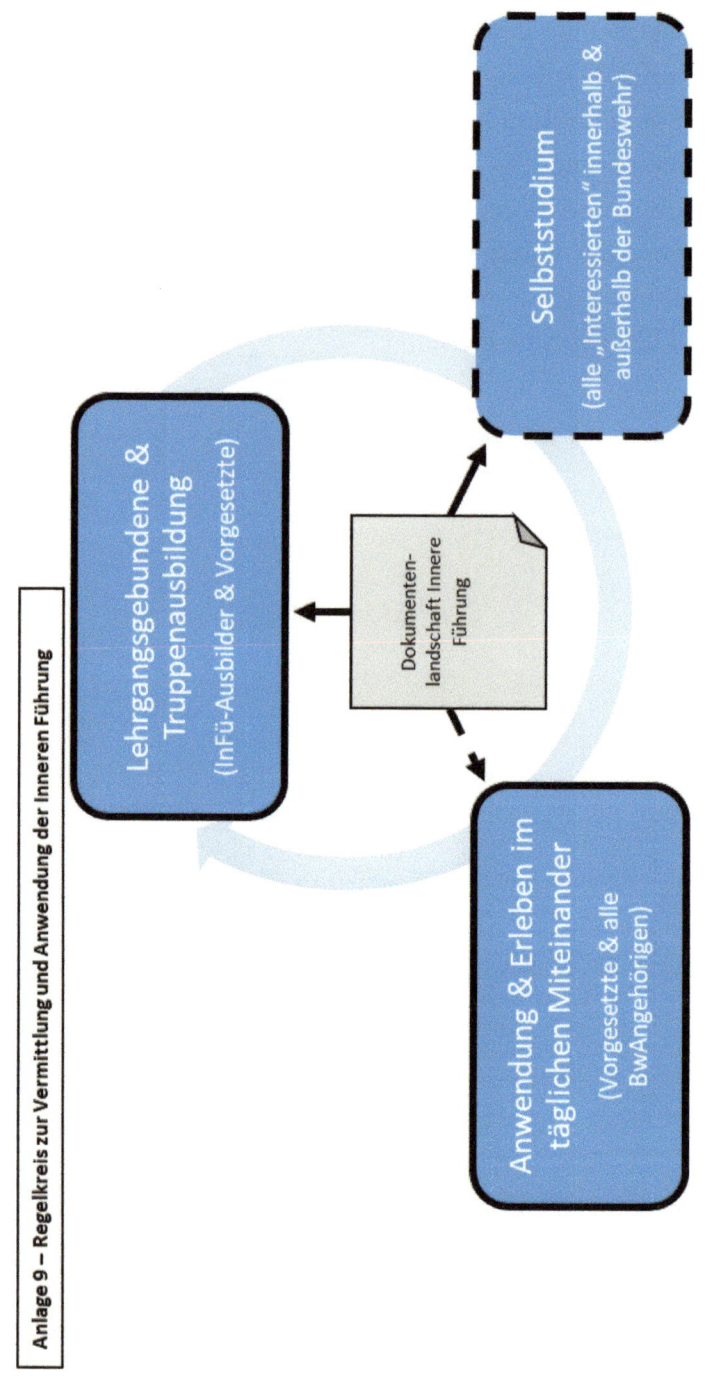

# Literaturverzeichnis

## Vorschriften und weitere Dokumente zur Inneren Führung

- BMVg Führungsstab Bundeswehr I: Handbuch Innere Führung - Hilfen zur Klärung der Begriffe, 3. Auflage/1964 **(Handbuch 1964; „Handbuch")**
- BMVg Führungsstab der Streitkräfte I 3: ZDv 10/1 - Hilfen für die Innere Führung, August 1972 **(„ZDv 1972")**
- BMVg Führungsstab der Streitkräfte I 4: ZDv 10/1 - Innere Führung, Februar 1993 **(„ZDv 1993")**
- BMVg Führungsstab der Streitkräfte I 4: ZDv 10/1 - Innere Führung „Selbstverständnis und Führungskultur der Bundeswehr", Januar 2008 **(„ZDv 2008")**
- BMVg Führung Streitkräfte III 3: ZDv A-2600/1 - Innere Führung „Selbstverständnis und Führungskultur", November 2017 **(„ZDv 2017")**
- Zentrum Innere Führung: Eine Darstellung der Konzeption der Inneren Führung und des Auftrages des Zentrums Innere Führung, 1981 **(„Erklärstück 1981")**


## Weitere Literatur

- Baudissin, Wolf Graf von: Staatsbürger in Uniform und Innere Führung - zwei Prinzipien zur Demokratisierung des Militärs am Beispiel der Bundeswehr, 1971 (sog. „Costa-Rica-Vortrag") **(Baudissin 1971)**
- Baudissin, Wolf Graf von / Will: Innere Führung / Inneres Gefüge; Artikel in: Wilhelm Bierfelder (Hrsg.): Handwörterbuch des öffentlichen Dienstes - Das Personalwesen, Erich Schmidt Verlag, 1976 **(Baudissin 1976)**
- Baudissin, Wolf Graf von: Als Mensch hinter den Waffen; Angelika Dörfler-Dierken (Hrsg.), Vandenhoeck & Ruprecht, 2006 **(Baudissin 2006)**

- Baudissin, Wolf Graf von: Grundwert: Frieden in Politik - Strategie – Führung von Streitkräften; Claus von Rosen (Hrsg.), Miles-Verlag, 2014 **(Baudissin 2014)**
- Bald, Detlef / Hans-Günther Fröhling und Jürgen Groß (Hrsg.): Bundeswehr im Krieg - wie kann die Innere Führung überleben; Hamburger Beiträge zur Friedensforschung und Sicherheitspolitik, Heft 153, Hamburg, 2009 **(Bald 2009)**
- Berns, Andreas: Innere Führung - längst überholte Dienstvorschrift oder gelebter Anspruch"; in: Österreichische Militärische Zeitschrift (ÖMZ), 5/2015 **(Berns 2015)**
- Bittner, Lukas: Kein Frieden und noch kein Krieg: „Hybride Konflikte" als Form der staatlichen Interessendurchsetzung - Oder: Warum der Kampf gegen den sogenannten „Islamischen Staat" kein hybrider Konflikt ist; in: Österreichische Militärische Zeitschrift (ÖMZ), 2/2018 **(Bittner 2018)**
- Bildungszentrum der Bundeswehr – Bundesakademie: Ziviles Führungsverständnis in der Bundeswehr, Mai 2018 **(BIZBw 2018)**
- Bohnert, Marcel und Lukas J. Reitstätter (Hrsg.): Armee im Aufbruch - Zur Gedankenwelt junger Offiziere in den Kampftruppen der Bundeswehr, Miles-Verlag, 2014 **(Bohnert 2014)**
- Bohnert, Marcel: Innere Führung auf dem Prüfstand - Lehren aus dem Afghanistan-Einsatz der Bundeswehr, DeutscherVeteranenVerlag, 2017 **(Bohnert 2017)**
- Bredow, Wilfried von: Militär und Demokratie in Deutschland - Eine Einführung, VS Verlag für Sozialwissenschaften, 2008 **(Bredow 2008)**
- Bundesministerium der Verteidigung: K-1/1 Konzeption der Bundeswehr, 2018 **(KdB 2018)**
- Bundesregierung: Weissbuch 2006 - Zur Sicherheitspolitik Deutschlands und zur Zukunft der Bundeswehr, 2006 **(Weissbuch 2006)**
- Bundesregierung: Weissbuch 2016 - Zur Sicherheitspolitik und zur Zukunft der Bundeswehr, 2016 **(Weissbuch 2016)**

- Dörfler-Dierken, Angelika (Hrsg.): Identität, Selbstverständnis, Berufsbild. Implikationen der neuen Einsatzrealität für die Bundeswehr, 2010 **(Dörfler 2010)**
- Dörfler-Dierken, Angelika und Robert Kramer: Innere Führung in Zahlen - Streitkräftebefragung 2013, Miles-Verlag, 2014 **(Dörfler/Kramer 2014)**
- Freudenberg, Dirk: Auftragstaktik und Innere Führung, Miles-Verlag, 2014 **(Freudenberg 2014)**
- Hartmann, Uwe / Claus von Rosen und Christian Walther (Hrsg.): Jahrbuch Innere Führung 2009 - Die Rückkehr des Soldatischen, Miles-Verlag, 2009 **(Hartmann 2009)**
- Hartmann, Uwe und Claus von Rosen (Hrsg.): Jahrbuch Innere Führung 2013 - Wissenschaften und ihre Relevanz für die Bundeswehr als Armee im Einsatz, Miles-Verlag, 2013 **(Hartmann 2013)**
- Hartmann, Uwe und Claus von Rosen (Hrsg.): Jahrbuch Innere Führung 2015 - Neue Denkwege angesichts der Gleichzeitigkeit unterschiedlicher Krisen, Konflikte und Kriege, Miles-Verlag, 2015 **(Hartmann 2015/1)**
- Hartmann, Uwe: Hybrider Krieg als neue Bedrohung von Freiheit und Frieden - Zur Relevanz der Inneren Führung in Politik, Gesellschaft und Streitkräften, Miles-Verlag, 2015 **(Hartmann 2015/2)**
- Hartmann, Uwe: Der gute Soldat. Politische Kultur und soldatisches Selbstverständnis heute, Miles-Verlag 2018 **(Hartmann 2018)**
- Hartmann, Uwe / Reinhold Janke und Claus von Rosen (Hsrg.): Jahrbuch Innere Führung 2020 - Zur Weiterentwicklung der Inneren Führung: Themen und Inhalte, Miles-Verlag, 2020 **(Hartmann 2020)**
- Institut für Friedensforschung und Sicherheitspolitik an der Universität Hamburg: Hamburger Beiträge zur Friedensforschung und Sicherheitspolitik, Heft 153, Dezember 2009 - Detlef Bald, Hans-Günter Fröhling und Jürgen Groß (Hrsg.): Bundeswehr im Krieg - wie kann die Innere Führung überleben?

- Kutz, Martin: Gesellschaft, Militär, Krieg und Frieden im Denken von Wolf Graf von Baudissin, Nomos Verlagsgesellschaft, 2004 **(Kutz 2004)**
- Kutz, Martin: Innere Führung in Zeiten des Umbruchs: Zur Aktualität einer für obsolet erklärten Konzeption; in: Brzoska, Michael / Hans J. Giessmann / Heiner Hänggi / Heinz-Dieter Jopp / Erwin Müller und Andreas Prüfert (Hrsg): S+F Sicherheit und Frieden 4/2005 (23. Jahrgang) - Themenschwerpunkt: Bundeswehr und Innere Führung, Nomos **(Kutz 2005)**
- Kutz, Martin: Deutsche Soldaten - Eine Kultur- und Mentalitätsgeschichte, Wissenschaftliche Buchgesellschaft, 2006 **(Kutz 2006)**
- Lautsch, Siegfried: Der hybride Krieg, eine neue Qualität komplexer Kriegführung und multinationaler Bedrohung?; in: Österreichische Militärische Zeitschrift (ÖMZ), 6/2018 **(Lautsch 2018)**
- Millotat, Christian: Gedanken zur Konzeption der Inneren Führung und ihrer Weiterentwicklung, Europäische Sicherheit 8/2005 **(Millotat 2005)**
- Münkler, Herfried: Die neuen Kriege; Lizenzausgabe für die Bundeszentrale für politische Bildung, Schriftenreihe Band 387 **(Münkler 2002)**
- Münkler, Herfried: Hybride Kriege. Die Auflösung der binären Ordnung von Krieg und Frieden und deren Folgen; www.ethikundmilitaer.de (Abrufdatum: 24.02.2021) **(Münkler 2015)**
- Neitzel, Sönke: Deutsche Krieger - Vom Kaiserreich zur Berliner Republik - eine Militärgeschichte, Propyläen, 2020 **(Neitzel 2020)**
- Pahl, Jan / Christian Bauer und Marcel Bohnert: Vitalis Innere Führung! Zum Status Quo der Führungskultur in den deutschen Streitkräften, Miles-Verlag, 2018 **(Pahl 2018)**
- Schlaffer, Rudolf J. und Wolfgang Schmidt (Hrsg.): Wolf Graf von Baudissin 1907-1993 - Modernisierer zwischen totalitärer Herrschaft und freiheitlicher Ordnung, Oldenbourg-Verlag, 2007 **(Schlaffer 2007)**

- Sigg, Marco: Der Unterführer als Feldherr im Taschenformat - Theorie und Praxis der Auftragstaktik im deutschen Heer 1869 bis 1945, Schöningh, 2014 **(Sigg 2014)**

- Staack, Michael (Hrsg.): Zur Aktualität des Denkens von Wolf Graf von Baudissin - Innere Führung, Baudissin Memorial Lecture, Verlag Barbara Budrich, 2011 **(Staack 2011)**

- Staack, Michael (Hrsg.): Im Ziel? Zur Aktualität der Inneren Führung. Baudissin Memorial Lecture. WIFIS-aktuell 44/2010 **(Staack 2014)**

- Ungerer, Dietrich: Der militärische Einsatz. Bedrohung - Führung - Ausbildung, Miles-Verlag, 2003 **(Ungerer 2003)**

- Walz, Dieter: Drei Jahrzehnte Innere Führung, Nomos Verlagsgesellschaft, 1987 **(Walz 1987)**

- Wiesendahl, Elmar (Hrsg.): Neue Bundeswehr - neue Innere Führung? Perspektiven und Ramenbedingungen für die Weiterentwicklung eines Leitbildes, Nomos, 2005 **(Wiesendahl 2005)**

- Wiesendahl, Elmar (Hrsg.): Innere Führung für das 21. Jahrhundert - Die Bundeswehr und das Erbe Baudissins, Schöningh-Verlag, 2007 **(Wiesendahl 2007)**

- Wiesendahl, Elmar: Athen oder Sparta. Bundeswehr quo vadis?, WIFIS-aktuell 44, 2010 **(Wiesendahl 2010)**

- Wiesendahl, Elmar: Bundeswehr ohne Halt. Zu Fehlentwicklungen der Inneren Führung; www.ethikundmilitaer.de (Abrufdatum: 08.02.2021) **(Wiesendahl 2016)**

# Carola Hartmann Miles-Verlag

## Jahrbuch Innere Führung (seit 2009)

**Uwe Hartmann, Claus von Rosen (Hrsg.),** *Jahrbuch Innere Führung 2017. Die Wiederkehr der Verteidigung in Europa und die Zukunft der Bundeswehr,* Berlin 2017.

**Uwe Hartmann, Claus von Rosen (Hrsg.),** *Jahrbuch Innere Führung 2018. Innere Führung zwischen Aufbruch, Abbau und Abschaffung: Neues denken, Mitgestaltung fördern, Alternativen wagen,* Berlin 2018.

**Uwe Hartmann, Claus von Rosen (Hrsg.),** *Jahrbuch Innere Führung 2019. Bundeswehr im Aufbruch. Hindernisse von den verteidigungspolitischen Vorstellungen der AFD bis zu den sicherheitspolitischen Meinungen in der Zivilgesellschaft,* Berlin 2019.

**Uwe Hartmann, Reinhold Janke, Claus von Rosen (Hrsg.),** *Jahrbuch Innere Führung 2020 – Zur Weiterentwicklung der Inneren Führung: Themen und Inhalte,* Berlin 2020.

## Schriften zur Weiterentwicklung von Theorie und Praxis der Inneren Führung

**Cornelia Fedtke, Kai-Uwe Hellmann, Jan Hörmann,** *Migration und Militär. Zur Integration deutscher Soldaten mit Migrationshintergrund in der Bundeswehr,* Berlin 2013.

**Angelika Dörfler-Dierken, Robert Kramer,** *Innere Führung in Zahlen. Streitkräftebefragung 2013,* Berlin 2014.

**Arjan Kozica, Kai Prüter und Hannes Wendroth (Hrsg.),** *Unternehmen Bundeswehr? Theorie und Praxis (militärischer) Führung,* Berlin 2014.

**Christian Göbel,** *Glücksgarant Bundeswehr? Ethische Schlaglichter auf einige neuere Studien des ZMSBw im Kontext von Sinn und Glück des Soldatenberufs, Innerer Führung und Einsatz-Ethos,* Berlin 2016.

## Sicherheitspolitik

**Wolf Graf v. Baudissin,** *Grundwert: Frieden in Politik – Strategie – Führung von Streitkräften, herausgegeben von Claus von Rosen,* Berlin 2014.

**Uwe Hartmann (Hrsg.),** *NATO's Adaptation – Challenges and Opportunities,* Berlin 2017.

**Oliver Schmidt,** *Deutsche Außenpolitik und die Zukunft der nuklearen Teilhabe in der NATO,* Berlin 2017.

**Donald Abenheim, Carolyn Halladay,** *Soldiers, War, Knowledge and Citizenship: German-American Essays on Civil-Military Relations,* Berlin 2017.

**Dirk Freudenberg,** *Theorie des Irregulären – Erscheinungen und Abgrenzungen von Partisanen, Guerillas und Terroristen im Modernen Kleinkrieg sowie Entwicklungstendenzen der Reaktion, (in 3 Bänden),* Berlin 2017.

**Markus Reisner,** *Robotic Wars – Legitimatorische Grundlagen und Grenzen des Einsatzes von Military Unmanned Systems in modernen Konfliktszenarien,* Berlin 2018.

**Helmut Fiedler,** *Military Assistance – eine moderne Einsatzart zwischen Anspruch und Wirklichkeit,* Berlin 2019.

**Gerd Bolik,** *NATO-Planungen für die Verteidigung der Bundesrepublik Deutschland im Kalten Krieg,* Berlin 2021.

**Pascal Riemer,** *Von der russischen Kriegskunst. Eine Untersuchung der dialektischen Zusammenhänge von Staatsidee und Militärwesen am Beispiel der Sowjetunion und der Russischen Föderation,* Berlin 2021.

**Joachim Weber (Hrsg.),** *Konfliktraum Arktis. Die Großmächte und der Hohe Norden,* Berlin 2021.


### Wiener Strategie-Konferenz

**Wolfgang Peischel (Hrsg.),** *Wiener Strategie-Konferenz 2016 – Strategie neu denken,* Berlin 2017.

**Wolfgang Peischel (Hrsg.),** *Wiener Strategie-Konferenz 2017 – Strategie neu denken,* Berlin 2018.

**Wolfgang Peischel (Hrsg.),** *Wiener Strategie-Konferenz 2018 – Strategie neu denken,* Berlin 2019.

**Wolfgang Peischel (Hrsg.),** *Wiener Strategie-Konferenz 2019 – Strategie neu denken,* Berlin 2021.


### Militär und Gesellschaft

**Hans-Christian Beck, Christian Singer (Hrsg.),** *Entscheiden – Führen – Verantworten. Soldatsein im 21. Jahrhundert,* Berlin 2011.

**Wolf Graf von Baudissin,** *Grundwert Frieden in Politik – Strategie – Führung von Streitkräften,* hrsg. von Claus von Rosen, Berlin 2014.

**Marcel Bohnert, Lukas J. Reitstetter (Hrsg.)**, *Armee im Aufbruch. Zur Gedankenwelt junger Offiziere in den Kampftruppen der Bundeswehr*, Berlin 2014.

**Phil C. Langer, Gerhard Kümmel (Hrsg.)**, *„Wir sind Bundeswehr." Wie viel Vielfalt benötigen/vertragen die Streitkräfte?*, Berlin 2015.

**Eberhard Birk, Peter Andreas Popp (Hrsg.)**, *Luftwaffenoffizier 21. Das Selbstverständnis des Luftwaffenoffiziers zu Beginn des 21. Jahrhunderts, (aus der Reihe Schriften zur Geschichte der Deutschen Luftwaffe, Band 5)*, Berlin 2016.

**Alois Bach, Walter Sauer (Hrsg.)**, *Schützen.Retten.Kämpfen. Dienen für Deutschland*, Berlin 2016.

**Marcel Bohnert, Björn Schreiber (Hrsg.)**, *Die unsichtbaren Veteranen. Kriegsheimkehrer in der deutschen Gesellschaft*, Berlin 2016.

**Angelika Dörfler-Dierken (Hrsg.)**, *Hinschauen! Geschlecht, Rechtspopulismus, Rituale: Systemische Probleme oder individuelles Fehlverhalten?*, Berlin 2019.

**Markus Seemann (Hrsg.)**, *Mutige Zeugen. Katholiken zwischen militärischer Pflichterfüllung und Widerstand*, Berlin 2020.

**Alois Bach, Carola Hartmann (Hrsg.)**, *Unbekannte Helden des Alltags. Soldaten und Ehefrauen berichten über Verantwortung, Humanität und Belastung im Auslandseinsatz*, Berlin 2020.

**Wolfgang Peischel (Hrsg)**, *Strategische Resilienz im Spannungsfeld zwischen Interdependenz und Autarkie unter besonderer Berücksichtigung der Beitragsleistung des Militärs in demokratischen Rechtsstaaten*, Berlin 2021.

## Standpunkte und Orientierungen

**Daniel Giese**, *Militärische Führung im Internetzeitalter*, Berlin 2014.

**Dirk Freudenberg**, *Auftragstaktik und Innere Führung. Feststellungen und Anmerkungen zur Frage nach Bedeutung und Verhältnis des inneren Gefüges und der Auftragstaktik unter den Bedingungen des Einsatzes der Deutschen Bundeswehr*, Berlin 2014.

**Hartwig von Schubert**, *Integrative Militärethik. Ethische Urteilsbildung in der militärischen Führung*, Berlin 2015.

**Uwe Hartmann**, *Hybrider Krieg als neue Bedrohung von Freiheit und Frieden. Zur Relevanz der Inneren Führung in Politik, Gesellschaft und Streitkräften*, Berlin 2015.

**Klaus Beckmann**, *Treue.Bürgermut.Ungehorsam. Anstöße zur Führungskultur und zum beruflichen Selbstverständnis in der Bundeswehr*, Berlin 2015.

**Florian Beerenkämper, Marcel Bohnert, Anja Buresch, Sandra Matuszewski,** *Der innerafghanische Friedens- und Aussöhnungsprozess,* Berlin 2016.

**Martin Sebaldt,** *Nicht abwehrbereit. Die Kardinalprobleme der deutschen Streitkräfte, der Offenbarungseid des Weißbuchs und die Wege aus der Gefahr,* Berlin 2017.

**Christian J. Grothaus,** *Der „hybride Krieg" vor dem Hintergrund der kollektiven Gedächtnisse Estlands, Lettlands und Litauens,* Berlin 2017.

**Uwe Hartmann,** *Der gute Soldat. Politische Kultur und soldatisches Selbstverständnis heute,* Berlin 2018.

**Christian Bauer, Marcel Bohnert, Jan Pahl,** *Vitalis Innere Führung! Zum Status Quo der Führungskultur in den deutschen Streitkräften,* Berlin 2018.

**Helmut Jermer,** *Innere Führung kompakt. Eine Zusammenschau als Lehr- und Lernhilfe,* Berlin 2019.

**Martin Sebaldt,** *Das Elend der Strategen. Warum die deutsche Militärpolitik versagt,* Berlin 2020.

### Schriften zur Tradition

**Eberhard Birk, Winfried Heinemann, Sven Lange (Hrsg.),** *Tradition für die Bundeswehr. Neue Aspekte einer alten Debatte,* Berlin 2012.

**Donald Abenheim, Uwe Hartmann (Hrsg.),** *Tradition in der Bundeswehr. Zum Erbe des deutschen Soldaten und zur Umsetzung des neuen Traditionserlasses,* Berlin 2018.

**Joachim Welz,** *Vom Kontingentsheer zum Reichsheer: Militärkonventionen als Motor der Wehrverfassung,* Berlin 2018.

**Donald Abenheim, Uwe Hartmann,** *Einführung in die Tradition der Bundeswehr. Das soldatische Erbe in dem besten Deutschland, das es je gab,* Berlin 2019.

**Eberhard Birk, Heiner Möllers (Hrsg.),** *Die Luftwaffe und ihre Traditionen (aus der Reihe Schriften zur Geschichte der Deutschen Luftwaffe, Band 10),* Berlin 2019.

**Hans-Günter Behrendt (Hrsg.):** *Erinnerungsorte der Bundeswehr – Personen, Ereignisse und Institutionen der soldatischen Traditionspflege,* Berlin 2020.

### Erinnerungen

**Blue Braun,** *Erinnerungen an die Marine 1956–1996,* Berlin 2012.

**Klaus Grot,** *So war's, damals. Dienstchronik eines Pionieroffiziers im Kalten Krieg 1954–1991,* Berlin 2014.

**Gustav Lünenborg,** *Bürger und Soldat. Innere Führung hautnah 1956–1993, 1993–2015,* Berlin 2015.

**Adolf Brüggemann,** *Als Offizier der Bundeswehr im Auswärtigen Dienst. Meine Erinnerungen als Militärattaché in Seoul (Republik Korea) 1978–83 und in Prag (Tschechoslowakei/Tschechien) 1988–1993,* Berlin 2015.

**Rainer Buske,** *Eine Reise ins Innere der Bundeswehr. Wundersame Geschichten aus einer anderen Welt,* Berlin 2016.

**Heinz Laube,** *Duell am Himmel,* Berlin 2016.

**Viktor Toyka,** *Dienst in Zeiten des Wandels. Erinnerungen aus 40 Jahren Dienst als Marineoffizier 1966-2000,* Berlin 2017.

**Hans-Eckhard Tribess (Hrsg.),** *Im Leben unterwegs – für den Frieden. Festschrift für Wolfgang Altenburg zum 90. Geburtstag am 22. Juni 2018,* Berlin 2019.

**Kurt Graf v. Schweinitz,** *Notizen im Transit von Krieg und Frieden,* Berlin 2020.

**Karl-Otto Behrendt,** *Der kurze Bericht über eine lange Zeit. Kriegsgefangenschaft 1945 – 1953, herausgegeben und kommentiert von Hans-Günter Behrendt,* Berlin 2021.

## Militärgeschichte

**Eberhard Kliem, Kathrin Orth,** *"Wir wurden wie blödsinnig vom Feind beschossen". Menschen und Schiffe in der Skagerrakschlacht 1916,* Berlin 2016.

**Hans Frank, Norbert Rath,** *Kommodore Rudolf Petersen. Führer der Schnellboote 1942–1945. Ein Leben in Licht und Schatten unteilbarer Verantwortung,* Berlin 2016.

**Eckhard Lisec,** *Der Völkermord an den Armeniern im 1. Weltkrieg – Deutsche Offiziere beteiligt?,* Berlin 2017.

**Ingo Pfeiffer,** *Heinz Neukirchen. Marinekarriere an wechselnden Fronten,* Berlin 2017.

**Joachim Welz,** *Erfolgsstory oder Trauma – die Übernahme von Armeen. Lehren aus der Übernahme des österreichischen Bundesheeres in die Wehrmacht 1938 und der Reste der NVA in die Bundeswehr 1990,* Berlin 2018.

**Joachim Hoppe, Manfred Wilde (Hrsg.),** *Die Unteroffizierschule des Heeres, Die militärische Meisterschule,* Berlin 2016.

**Georg Neuhaus,** *Am Anfang war ein Speer. Eine Chronographie der Kriegs- und Militärtechnologien,* Berlin 2018.

**Hans-Werner Ahrens,** *Die Transportflieger der Luftwaffe 1956 bis 197. Konzeption – Aufbau – Einsatz,* (Reihe Schriften zur Geschichte der Deutschen Luftwaffe, Band 8), Berlin 2019.

**Jobst Reller,** *Die Anfänge der evangelischen Militärseelsorge,* Berlin [2]2020.

**Eberhard Frhr. v. Senden, Friedrich Frhr. v. Senden,** *Der Erste Weltkrieg 1914–1918. Erlebnisse eines jungen Leutnants,* Berlin 2020.

**Hans-Günter Behrendt,** *Flugabwehr in Deutschland. Stationierungsorte und Systeme 1956-2012,* Berlin 2021.

**Harald Fritz Potempa,** *Balkan 1914-1945. Raum und Kleiner Krieg als militärhistorische Kategorien in der Wahrnehmung deutscher Streitkräfte,* Berlin 2021.

**Stephan Horn,** *Französische und wallonische Freiwilligenverbände im Zweiten Weltkrieg. Politische Implikationen militärischer Kollaboration,* Berlin 2021.

**Ingo Pfeiffer,** *Do swidanija GermanijaStationierung – Abzug –Hinterlassenschaften Westgruppe der Truppen,* Berlin 2021.

**Jörg Beining,** *Streng geheim! Elektronische Kampfführung im Kalten Krieg. Die EloKa der Bundeswehr und NATO aus östlicher Perspektive,* Berlin 2021.

## Einsatzerfahrungen

**Artur Schwitalla,** *Afghanistan, jetzt weiß ich erst… Gedanken aus meiner Zeit als Kommandeur des Provincial Reconstruction Team FEYZABAD,* Berlin 2010.

**Rainer Buske,** *KUNDUZ. Ein Erlebnisbericht über einen militärischen Einsatz der Bundeswehr in AFGHANISTAN im Jahre 2008,* Berlin [2]2016.

## Offiziersbibliothek

**Uwe Hartmann,** *Offiziersbibliothek I. Deutschland,* Berlin 2020.

**Franz H.U. Borkenhagen, Uwe Hartmann,** *Offiziersbibliothek II. Internationale Beziehungen und Sicherheitspolitik,* Berlin 2021.

www.miles-verlag.jimdo.com